“上海城建档案编撰与研究”丛书

城市的记忆：
城建档案中的虹桥路（1901–1949）

上海市城市建设档案馆 著

上海科学技术文献出版社
Shanghai Scientific and Technological Literature Press

图书在版编目（CIP）数据

城市的记忆：城建档案中的虹桥路：1901-1949/ 上海市城市建设档案馆著．—上海：上海科学技术文献出版社，2023
ISBN 978-7-5439-8700-5

Ⅰ．① 城…　Ⅱ．①上…　Ⅲ．①城市道路—史料—上海—1901-1949　Ⅳ．① K925.1

中国版本图书馆 CIP 数据核字 (2022) 第 208410 号

书中所有地图均具备上海市规划和自然资源局发放的审图号：沪 S〔2023〕003 号

责任编辑：于学松
封面设计：幻灵广告

城市的记忆：城建档案中的虹桥路：1901–1949
CHENGSHI DE JIYI: CHENGJIAN DANG'AN ZHONG DE HONGQIAOLU: 1901–1949
上海市城市建设档案馆　著
出版发行：上海科学技术文献出版社
地　　址：上海市长乐路 746 号
邮政编码：200040
经　　销：全国新华书店
印　　刷：商务印书馆上海印刷有限公司
开　　本：720mm × 1000mm　1/16
印　　张：13.75
版　　次：2023 年 3 月第 1 版　2023 年 3 月第 1 次印刷
书　　号：ISBN 978-7-5439-8700-5
定　　价：98.00 元
http://www.sstlp.com

前 言 Preface

上海市城市建设档案馆藏有1855年迄今为止上海城市建设档案近120万卷，一直重视档案编研工作，致力于馆藏档案的开发利用。先后出版过《城市的记忆——上海市历史文化风貌区（中心城区）》《城市的记忆——上海市历史文化风貌区（浦东新区及郊区）》《上海的记忆——桥》《上海外滩建筑群》等一系列画册。

近年来，为适应馆转型发展的整体目标，在此前编研工作成果的基础上，上海市城市建设档案馆着重加强了对馆藏档案资源的深入研究，致力于挖掘档案背后的丰富历史信息与文化内涵，并于2021年中国共产党成立一百周年之际推出“上海城建档案编撰与研究”丛书之《城市的记忆·建党百年专辑》。

《城市的记忆：城建档案中的虹桥路（1901-1949）》是“上海城建档案编撰与研究”丛书的最新成果。本书最大的亮点是以上海市城市建设档案馆馆藏的超过100件虹桥路沿线建筑、道路规划档案为基础，结合晚清民国时期的历史地图、报刊文献等资料，对虹桥路这条近代上海最长的越界筑路道路的变迁展开深入研究。尽最大可能复原道路沿线20世纪上半叶的历史风貌。找寻“上海文化”品牌三大来源“红色文化”“海派文化”“江南文化”在虹桥路上的历史印记。

在对虹桥路历史风貌展开研究的同时，本书也希望探寻出一个以城建档案为基础，将单体风貌保护道路、历史文化风貌区的风貌复原与上海城市整体发展历程重现有机结合的理想范式，为上海城市历史风貌保护与规划管理实践，提供一定的借鉴与帮助。

上海市城市建设档案馆

2023年3月

目录 Content

城市的记忆：

城建档案中的虹桥路（1901–1949）

虹　　　　桥　　　　路

绪 论

(1901-1949)

一、选题缘起

作为上海市区西部的主干道之一，虹桥路东起上海城市副中心之一的徐家汇，西至虹桥国际机场，横跨徐汇、长宁两区，全长约 9 公里。这条辟筑于 20 世纪初的东西向道路是近代上海公共租界当局在西区越界筑路的产物，自诞生之初，即为西区交通干道并一直延续至今。

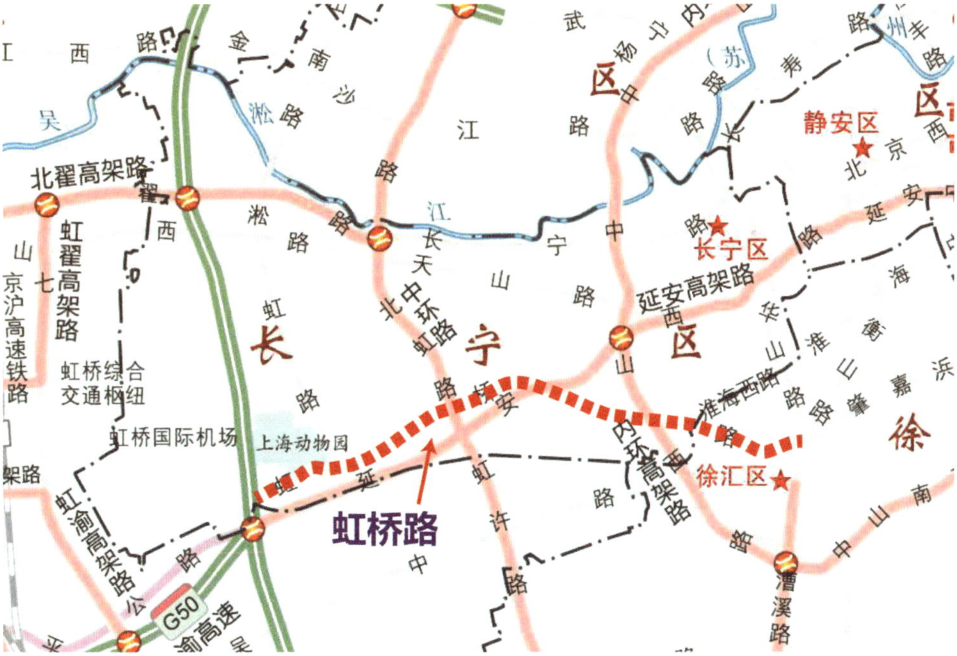

红虚线为今虹桥路全线，即本项研究的空间范围

【来源◎上海中心城区地图（2020 年），上海市地理信息公共服务平台】

迄今已有超过百年历史的虹桥路自辟筑以来道路走向、沿线风貌变化十分显著。从最初的传统江南乡村，到进入民国时期，尤其是在1921年虹桥机场建成后，城市化趋势逐渐显现。其中沪杭甬铁路以东路段，各类工厂作坊、学校、公墓等相继落成。沪杭甬铁路以西路段除了保留原有江南乡村聚落外，风格各异的花园别墅住宅不断出现，形成了该区域鲜明的乡村别墅式风貌特征。[①] 这样的道路沿线风貌格局在20世纪三四十年代被不断强化，中华人民共和国成立后依旧长期延续，直至20世纪80年代初。

虹桥路自诞生之日起，就与近代上海城市建设、扩张的轨迹密不可分。从19世纪末虹桥路尚未辟筑时这一区域因纸猎赛马而进入上海外侨群体的视野，至1900年前后公共租界扩张高潮时被越界辟筑，再到20世纪20年代后伴随着上海西区城市化进程的不断推进，虹桥路的功能也变得愈发多样：一些名人或在此建造度假别墅，或将之作为自己的身后安息之地；部分如今依旧耳熟能详的工厂、学校、医院等机构也相继落户虹桥路沿线。众多历史细节令这条道路成为了上海城市记忆的重要组成部分。2003年1月1日，《上海市历史文化风貌区和优秀历史建筑保护条例》正式施行，同年，虹桥路历史文化风貌区被公布为上海中心城区12片历史文化风貌区之一。2007年，虹桥路（环西大道—古北路）又被列入上海市“一类风貌保护道路”（即“64条永不拓宽的道路”）。

随着虹桥路历史风貌保护工作不断开展，虹桥路沿线历史风貌的挖掘与复原逐渐被重视。然而在对虹桥路历史信息逐步梳理的过程中却发现，该条道路沿线风貌并未如预想的那样愈发清晰，相反，众多疑问不断浮出水面。较之历史建筑保留相对较多的古北路以西路段，古北路以东路段的历史风貌较为模糊；花园别墅是虹桥路沿线最为人所熟知的历史风貌载体，但包括学校、工厂等机构在内的风貌元素却在历史叙述中缺失明显。与此同时，作为100多年前公共租界当局在西区重要的越界筑路道路，虹桥路在西区路网规划、建设过程中所扮演的角色，以及这一角色对虹桥路沿线

① 伍江、王林：《历史文化风貌区保护规划编制与管理》，上海：同济大学出版社，2007年，第169页。

风貌形成所产生的影响也未完全展现。种种这些，似乎都还缺乏一个全面细致的研究。在此背景下，本项研究以上海市城市建设档案馆馆藏的虹桥路沿线建筑、道路规划档案为基础，配合当时地图及报刊文献等资料，拟对虹桥路沿线的历史风貌展开深入研究，尽最大可能复原道路沿线20世纪上半叶的历史风貌，找寻“上海文化”品牌三大来源“红色文化”“海派文化”“江南文化”在虹桥路上的历史印记。

本项研究在复原虹桥路20世纪上半叶历史风貌的同时，也希冀能够实现以下两个目标。其一，将虹桥路作为样本，以城建档案为基础，探索风貌保护道路、历史文化风貌区风貌复原的方法与实施路径。其二，从虹桥路出发，通过对其历史风貌形成原因开展研究，形成单体风貌保护道路、历史文化风貌区的历史风貌复原与上海城市整体发展历程重现有机结合的理想范式，从而为整个城市层面的历史风貌保护与规划管理实践，提供一些借鉴与帮助。

二、研究范围

从1901年辟筑至今，虹桥路已经过了122个春秋。基于1949年中华人民共和国成立这一事件的重要性，以及虹桥路本身在此历史时刻前后所呈现出的不同的发展情况，我们认为可以将虹桥路120年的发展历程大体分为1901-1949年、1950-2023年两个阶段。

第一阶段，虹桥路从无到有，在上海城市发展扩张的大势之下，一跃成为当时上海西区主干道路并扮演这一角色至今。另一方面，随着道路本身的辟筑，虹桥路沿线风貌也在此阶段发生剧变，从最初的传统江南田园风光，逐渐开始出现各类花园别墅，同时学校、医院、公墓、工厂等机构相继在此建立，城市化的趋势已十分明显。

第二阶段，中华人民共和国成立后，虹桥路风貌变迁仍旧与上海城市发展的节奏保持同步。从 20 世纪 50 年代到改革开放前，虹桥路风貌变化较小，但沿线部分机构的功能亦有转变：西首的虹桥高尔夫球场变为西郊公园，部分花园别墅住宅转型为宾馆、招待所。同时也新建了上海农业展览馆等建筑。改革开放后，伴随虹桥经济技术开发区的建立，道路沿线风貌也进入到快速变化时期，虹桥路的城市化也是在此时期最终完成。原先的乡村聚落被新式住宅区、各类商办建筑、大型绿地彻底取代。工厂、公墓等机构也在这一时期发生了功能转变。

作为一个整体，虹桥路 120 多年来的发展历程是无法被分割的。第一阶段所形成的风貌特征，对当前虹桥路历史风貌保护的基本方向有着直接的影响。而第二阶段中，虹桥路在中华人民共和国成立后上海城市建设、发展过程中所发挥的作用也进一步彰显了其在上海，乃至全国范围内的特殊地位与巨大影响，反过来，也为保护这条道路沿线历史风貌赋予了更大的意义。

基于本项目时间、人力等因素考虑，本研究在时间上以 19 世纪末，即虹桥路正式辟筑前后为上限，1949 年中华人民共和国成立为下限。

空间上，以今虹桥路全线为主干（东至徐家汇，西至迎宾一路），古北路以西部分沿线纵深遵循虹桥路历史文化风貌区划定范围，古北路以东部分则以位于虹桥路沿线第一层面的建筑、机构为主要研究对象，兼顾对沿线风貌具有重要意义的空间与实体。

需要说明的是，今徐汇区广元西路自虹桥路辟筑至 1997 年间，为虹桥路之最东段，基于本研究时间下限为 1949 年，故该路段也将纳入本研究的范围中。与此同时，1997 年之后以原徐镇路（徐镇老街）为基础，拓宽修筑的今虹桥路广元西路以东路段，[①] 鉴于它对于 1949 年之前虹桥路最东段风貌的形成有直接影响，因此本研究中也将对徐镇路 1949 年前的发展变迁有所述及。

---

① 上海市地方志办公室编著：《上海名街志》，上海：上海社会科学院出版社，2004 年，第 528 页。

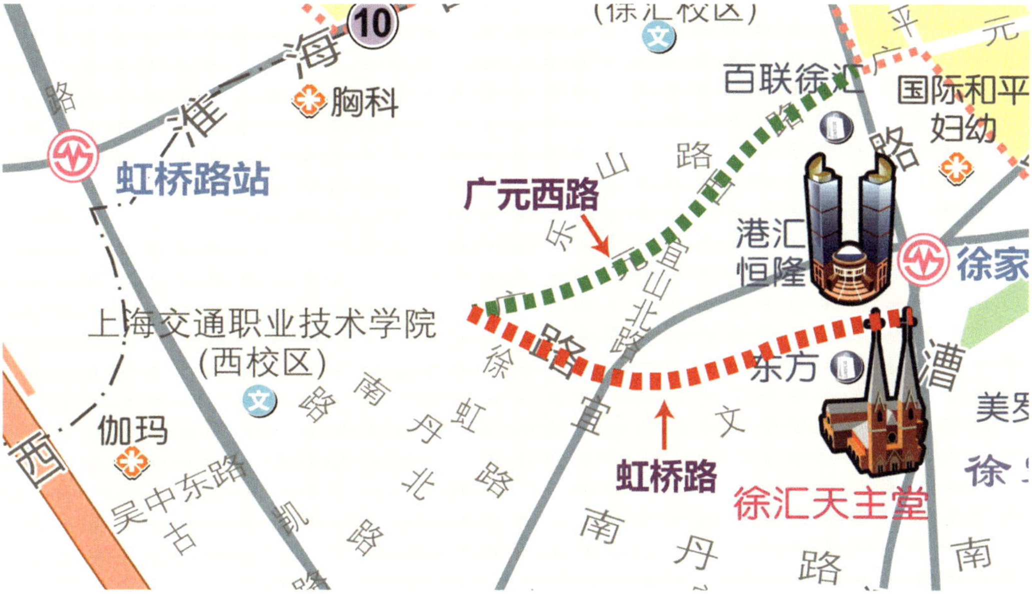

绿虚线为 1997 年之前的虹桥路最东段，即今广元西路；红虚线为今虹桥路广元西路至徐家汇段（1997 年之前的徐镇路）

【来源◎上海城区地图，2018 年】

三、研究现状

学界关于虹桥路历史风貌的研究，多散见于各类上海城市史、建筑史及风貌保护规划研究的著述中，针对该条道路的专门研究尚不多见。然基于虹桥路在上海城市历史变迁中所扮演的重要角色，以及希冀对当前历史风貌道路保护规划实践产生一定助力的研究初衷，此处将从上海城市史研究、城区 / 街区史研究、虹桥路相关研究、风貌道路保护规划与实践研究等 4 个层面对已有的研究情况作一评述。

自 20 世纪 80 年代中后期渐次兴起至今，上海城市史研究始终是国内外中国史研究的热点。通史方面，相继有刘惠吾主编《上海近代史》、唐振常主编《上海史》、熊月之主编十五卷本《上海通史》等问世，加上法国学者白吉尔（Marie-Claire Bergère）所著《上海史：走向现代之路》、美国学者罗兹·墨菲（Murphey Rhoads）所著《上海——现代中国的钥匙》等海外学者的通史类研究成果，共同构建起了上海近代以来城市发展变迁的全貌，这使得我们有条件回到100多年前，以时人视角来对虹桥路发展、变迁进行检视与探讨，追寻红色文化、海派文化、江南文化在这条道路上的相互交融，形成虹桥路独有道路沿线风貌的过程。

具体到上海近代道路的专题研究，早在20世纪20年代，作为工部局总办处首位专职档案管理员，俄国人郭泰纳夫（Anatol Michaelivrtch Kotenev）在进行档案整理编目的过程中对公共租界的发展历程进行了梳理，其中就包括了对自1844年至1926年间租界扩张和界外道路修筑过程的研究。[①] 20世纪80年代上海史研究兴起之后，袁燮铭是较早开始关注近代上海道路辟筑建设问题的学者，他关于工部局与近代上海路政的研究，呈现了自1854年工部局成立至1911年清政府在上海统治结束期间，租界当局在上海开展道路规划、辟筑、管理的详细情况，这对了解虹桥路作为一条越界筑路道路诞生的背景和原因，有着重要的参考价值。[②] 张仲礼主编《近代上海城市研究1840-1949年》一书中对越界筑路与上海城市交通的发展问题进行了探讨，分析了1900年前后以虹桥路为代表的第二次越界筑路高潮出现的缘由。[③] 沈孟晴关于越界筑路与上海近代城市发展变迁的研究从学术的角度对租界当局跨度长达60余年的越界筑路进行了全面概述，在探寻形成历次越界筑路高潮背景原因的同时，也对越界筑路对上海城市扩展方向、地价变化和社会治理等多方面产生的影响进行了分析，其中在述及沪西地区时有较多提及虹桥路及其相关的罗别根系统，对研究虹桥路沿线历史风貌及形成原因有一定借鉴价值。[④]

---

① 郭泰纳夫：《上海公共租界与华人》，朱华译，上海：上海书店出版社，2017年，第31-78页。
② 袁燮铭：《工部局与上海路政（1854-1911）》，上海市地方志办公室编：《上海研究论丛（第二辑）》，上海：上海社会科学院出版社，1989年，第169-205页。
③ 张仲礼主编：《近代上海城市研究 1840-1949年》，上海：上海人民出版社，2014年，第176-179页。
④ 沈孟晴：《越界筑路与近代上海城市变迁（1862-1925）》，硕士学位论文，上海社会科学院历史研究所，2009年。

除了针对近代上海城市道路建设，尤其是越界筑路研究中常能看到关于虹桥路的论述外，由于沿线散布着一些具有较高价值的历史建筑，因此虹桥路在上海近代建筑史的研究著作、论文中也屡被提及。伍江在《上海百年建筑史 1840-1949》关于上海 20 世纪二三十年代上海住宅建筑发展情况的论述中，特别提到了包括沙逊别墅在内的多栋虹桥路沿线建筑，并简要分析了建筑风格与其所处区域之间的联系。陈从周、章明主编《上海近代建筑史稿》在论及近代上海花园住宅建筑发展历程时，对虹桥路沿线部分花园别墅有具体描述，除此之外，该书在介绍近代上海医院建筑时，亦有提及 20 世纪 30 年代落成、位于今虹桥路上海血液中心内的虹桥疗养院。①其他诸如今西郊宾馆内的姚氏住宅、宋氏住宅、孔氏别墅等住宅建筑，也都不断见诸于各类关于近代上海建筑史的著作②中。

相较于建筑史研究更着力于对单体建筑的关注，近 10 多年来逐渐兴起的城区史 / 街区史研究则更多关注特定区域内的历史演变与风貌形成。苏智良及其团队对包括城隍庙、八仙桥、外滩、徐家汇、提篮桥等上海 16 个城市区域的研究，依托对文献资料的深入挖掘，呈现出上海不同城区间的鲜明差异。苏智良认为，相较于过往城市史研究将城市作为一个整体进行剖析，城区史更精细、多视角的研究，有助于完整地展现城市社会的风貌，将已经消失或即将消逝的城区风貌、人物、民俗等记载存史， 有助于保留城区的文化特色，保存和养护城市建筑精品和历史风貌区域。同时有利于发掘把握城区的文脉，弘扬城市历史特色，助力当代城市的建设，构建个

① 陈从周、章明主编：《上海近代建筑史稿》，上海：上海三联书店，1988 年，第 133 页、第 168-185 页。

② 王绍周编著：《上海近代城市建筑》，南京：江苏科学技术出版社， 1989 年。
郑时龄：《上海近代建筑风格》，上海：上海教育出版社，1995 年。
沈福煦、沈燮癸著：《透视上海近代建筑》，上海：上海古籍出版社，2004 年。
张长根主编：《上海优秀历史建筑（长宁篇二）》，上海：上海三联书店，2007 年。
上海市地方志办公室编著：《上海名建筑志》，上海：上海社会科学院出版社，2005 年。
上海房地产行业教育中心编著：《上海优秀建筑鉴赏》，上海：上海远东出版社，2009 年。
上海市城市建设档案馆编：《上海城建档案》专刊（内部资料），2019 年，总第 42、43 期等。

性鲜明的新兴城区及其文化。[①]马学强围绕南京东路、复兴中路、上海世博城市最佳实践区等城市街区的研究，从历史学的视角出发，通过挖掘文献资料、走访街区住户等方式，恢复这些城市街区的历史面目，重现街区中各类建筑、空间背后所承载的人文内容与历史故事。[②]徐汇区文化局牵头连续推出的关于武康路、衡山路、复兴路的街区历史文化论集，尽管作者并非全都是严格意义上的历史学家，但其中的各篇文章仍然为了解这些街区背后的历史风貌与故事提供了一定的文献意义。[③]

值得一提的是，上海市城市建设档案馆近 10 年来围绕上海市一类风貌保护道路（即上海 64 条永不拓宽的道路），依托馆藏档案，利用《上海城建档案》专刊平台，定期围绕某条道路开展编研实践，推出包括中山东一路、南京东路、南京西路、北京东路、淮海中路、复兴路、愚园路、巨鹿路、衡山路、虹桥路、新华路等 18 条道路在内的特辑。

与南京路、复兴路、武康路等位于原公共租界、法租界核心区域的道路街区获得较多关注不同，针对越界筑路道路的虹桥路的专题研究则少得多。惜珍的《虹桥路，幽幽绿荫里的乡村别墅》一文，对虹桥路沿线以花园别墅为主的众多历史建筑一一历数，详细介绍了其背后的历史故事。[④]吴飞鹏在《漫步上海老房子》一书中则专门辟出一个章节，对虹桥路沿线知名历史建筑作了介绍，并配有较多图片。[⑤]陈丹燕在《永不拓宽的街道》中亦有专门对虹桥路的描述，其中重点聚焦在今宋庆龄陵园的前身——万

---

① 苏智良：《城区史研究的路径与方法——以上海城区研究为例》，《史学理论研究》，2006 年第 4 期，第 117 页。另参见：苏智良主编：《上海城区史》，上海：学林出版社，2011 年。

② 马学强参与主编：《千年龙华——上海西南一个区域的变迁》，上海：学林出版社，2006 年；《上海卢湾城区史》，上海：上海辞书出版社，2010 年；
《追寻中的融入：上海新兴中路一个街区的百年变迁》，上海：上海人民出版社，2014 年；
《上海城市之心：南京东路街区百年变迁》，上海：上海社会科学院出版社，2017 年；等等。

③ 方世忠主编：《海上遗珍：武康路》，北京：中华书局，2017 年；
方世忠主编：《海上遗珍：衡山路》，北京：中华书局，2018 年；
方世忠主编：《海上遗珍：复兴路》，北京：中华书局，2019 年。

④ 惜珍：《虹桥路，幽幽绿荫里的乡村别墅》，《档案春秋》，2010 年第 2 期。

⑤ 吴飞鹏：《漫步上海老房子》，北京：三联书店，2017 年，第 131-135 页。

国公墓。[1]上述文章、著述为我们了解虹桥路的基本情况提供了一定的信息，但由于其并非学术研究成果，关注点也更多集中在住宅建筑和少量公共空间上，因此并不足以完整复原虹桥路的整体历史风貌，且在部分史实论述上也存在着大小不一的谬误。

相较于历史学界、文化界在上海城区 / 街区研究中更侧重于还原历史事实，城市规划学界在开展历史街区、道路风貌保护规划实践与研究的过程中，则更强调历史与现实的对话，重点探寻历史风貌的保护与城市更新利用之间的关系。

阮仪三及其领导的国家历史文化名城研究中心，以及同济大学一批师生针对上海外滩、老城厢、衡复、提篮桥等历史风貌街区和历史建筑所做的长期调查与研究，为上海城市建筑文化遗产的保护打下了重要的学术基础。[2]伍江、王林、沙永杰等学者则在对近代上海建筑史研究的基础上，逐渐进入到对历史文化风貌区、风貌道路保护规划的研究与实践中来。《历史文化风貌区保护规划编制与管理》一书围绕上海历史文化风貌区保护规划编制的思路、实施的过程、保护规划管理的内容与特点、相关制度与程序的设计路径等方面进行了全面的论述。值得一提的是，书中附录部分“虹桥路历史文化风貌区保护规划”完整呈现了规划制定中对该风貌保护区风貌特征的认定，以及保护规划编制中的具体思路和特色，亦是本项研究开展过程中重要的对标内容。[3]《历史街道精细化规划研究——上海城市有机更新的探索与实践》则为如何在历史街道保护利用方面、处理历史与现实的关系，提供了重要的借鉴，其中涉及虹桥路的部分内容、也有一定的参考价值。周俭等关于历史文化风貌区保护规划编制的研究集中探讨了保护规划核心及其研究重点，其指出：“作为以规划管理为目的的保护区保护

---

① 陈丹燕：《永不拓宽的街道》，上海：东方出版中心，2008 年，第 117-126 页。

② 伍江、王林：《城市发展中的上海历史文化遗产保护之路》，《中国城市发展与规划论文集》编委会编：《中国城市发展与规划论文集：首届中国城市发展与规划国际年会》，北京：中国城市出版社，2006 年，第 205 页。

③ 伍江、王林主编：《历史文化风貌区保护规划编制与管理》，上海：同济大学出版社，2007 年，第 169-171 页。

规划，不同于为实施某个保护或整治工程而做的保护规划，它编制的认识基础是对保护区形成的‘历史规则’的尊重。”① 毫无疑问，想要实现这一尊重，其前提就是对“历史规则”深入挖掘与准确把握。关于风貌保护规划中如何才能称之为对历史信息实现全面准确的把握，吴俊范在“上海市中心城历史文化风貌区人文要素数据库”研究中指出，上海历史文化风貌区规划在对人文要素进行细致分类的同时，仍然存在着对部分历史人文要素的缺失和遗漏，这种不足在所产生的矛盾在现实工作中显得较为突出。尤其是相较于对现存建筑实体所包含人文信息重要性的重视，已消失的历史人文景观和无形文化遗产在风貌保护实践中获得的重视与投入尚存不足。② 这一现象也正是本次虹桥路研究项目所希望能够克服与回答的一个问题。

具体个案研究方面，由罗小未主持，沙永杰、钱宗灏等担任主要研究人员完成的《上海新天地建筑历史与人文历史研究报告》是围绕上海近现代城市历史街区保护更新实际工作的一次尝试。第一次较为系统地从城市区域特征、建筑特点及人文历史信息等多角度开展了对一个城市区域保护改造更新工作的研究。其对上海乃至全国其他城市之后开展的历史街区规划保护研究产生了一定影响，对城市街区、道路风貌保护也发挥了积极的推动作用。③《上海武康路：风貌保护道路的历史研究与保护规划探索》一书，源自于沙永杰等在武康路开展风貌保护道路保护规划和保护性综合整治的实际工作。该研究以规划编制和参与指导实施工作为基础，用历史演变思路，针对城市空间、建筑和人文环境进行系统研究，将学术层面的理念、专业层面的发现和认识，以及实施项目必须考虑的客观因素紧密结合。④ 在较大程度上实现了理论研究与实际问题的结合、城市规划和人文

① 周俭、梁洁、陈飞：《历史保护区保护规划的实践研究——上海历史文化风貌区保护规划编制的探索》，《城市规划学刊》，2007 年第 4 期。

② 吴俊范：《“上海市中心城历史文化风貌区人文要素数据库”项目论证》，钱杭主编：《中国历史地理论丛》第 1 辑，上海：学林出版社，2013 年，第 241 页。

③ 参见罗小未主编，沙永杰等编著：《上海新天地——旧区改造的建筑历史、人文历史与开发模式的研究》，南京：东南大学出版社，2002 年。

④ 江岱：《上海城市保护更新的一个重要印迹：评介〈上海武康路——风貌保护道路的历史研究与保护规划探索〉》，时代建筑，2013 年第 2 期。

思考的互通。值得一提的是，该项目研究中对于上海市城市建设档案馆馆藏档案的利用，帮助其完成了部分建筑、公共空间历史风貌的复原，这也为保护规划的编制与实施助力良多。郭鉴关于上海历史风貌道路规划实践与探索的研究中对武夷路、溧阳路、甜爱路历史风貌道路的保护规划与实施状况进行了一定的研究，分析了上述道路在风貌保护实践中的得失。① 蔡宇超等从64条一类风貌保护道路中选择9条作为研究对象，以场所理论对其进行空间、活动、文化研究，对这些风貌道路保护实践的状况进行了分析，其中也探讨了虹桥路当前道路交通系统的规划建设对于其原有历史风貌保护所产生的影响。②

上述个案研究尽管对象、区域不同，研究角度、深度也各有差异，但有一点却是能够取得共识的：是否真正对史实进行了深入挖掘，是否真实地复原了研究区域的历史风貌，会直接左右到历史风貌保护区、风貌保护道路保护规划方案制定与实施的质量，进而对城市更新过程中该区域内市民的生活、工作状态产生影响。实际上，这也正是本项针对虹桥路历史风貌变迁与城市更新的研究项目选择以该区域历史风貌复原作为项目第一步来开展实施的缘由。“上穷碧落下黄泉，动手动脚找东西”，傅斯年此语，正是本项研究的核心要义之一，也只有真正实践了这样的研究过程，建筑可阅读，城市可漫步，方才真正有可能实现。

① 郭鉴：《上海历史风貌道路规划实践与探索》，《上海城市规划》，2012年第3期。
② 蔡宇超、唐依依：《场所理论视角下的上海市风貌保护道路研究》，《建筑与装饰》，2018年第46期。

四、研究思路与方法

本研究成果以晚清民国时期上海城市化与租界扩张发展为背景，从虹桥路本身的辟筑，沿线路网体系的形成及其对于虹桥路沿线风貌变迁的影响，虹桥路沿线重要建筑、机构、公共空间的演变等 3 个方面展开研究。其中，第一章以虹桥路的筑路史为核心内容，探究在近代上海城市化，尤其是租界当局第二次越界筑路高潮的背景下，虹桥路辟筑的缘由、过程，以及该道路修筑的细节描述。第二章以虹桥路沿线整体历史风貌变迁为核心内容，包括对 20 世纪初以“罗别根系统”为代表的西区越界筑路网络形成过程开展研究，并对 20 世纪 20 年代之后虹桥路东段轻工业区、西段郊外别墅住宅区的形成过程及原因进行呈现与分析，进而复原虹桥路 1901-1949 年期间道路整体风貌。第三章则着重针对虹桥路沿线重要建筑、机构、公共空间展开个案研究，同时探寻这些个体之间的内在联系，从点到面的将虹桥路沿线风貌具象化，立体化。除上述三章内容以外，本项研究成果最后还将辟有外编一章，其内容包括两部分：（1）集中梳理 1884-1949 年《申报》《新闻报》《时报》《The North-China Daily News》《The China Press》等报刊上关于虹桥路的相关报道，按照时间顺序进行呈现。（2）徐家汇地区历史上最重要市街之一的虹桥路广元西路至徐家汇段（1997 年之前的徐镇路），自 1997 年后被纳入今日虹桥路之最东端，基于该条道路对历史上虹桥路最东段（今广元西路）历史风貌形成具有重要的影响，因此外编部分亦将对其在 1949 年前的历史发展作一简述。

本文主要采用文献考察、分析与实地调研相结合的方法，通过对原始档案、近代报纸杂志、历史地图、历史影像资料的全面梳理与分析，加之实地调研走访等方式，尽可能全面地收集虹桥路沿线历史风貌相关资料，综合运用历史学、档案学、建筑学、城市规划学等多学科研究方法，点、线、面结合，全面复原虹桥路自辟筑至 1949 年这一阶段的历史风貌。

五、研究资料

对于这项围绕虹桥历史风貌复原而开展的研究，上海市城市建设档案馆馆藏相关档案是实现研究目标的重要基石。作为永久保存上海市城建档案的重要基地，上海市城市建设档案馆内藏有1855年迄今为止上海城市建设档案近120万卷，其中中华人民共和国成立前档案有4万余卷，涉及本项研究的相关资料即来自于后者。

馆藏涉及虹桥路档案已知最早可追溯至1904年，为工部局测绘工程师R.W.SHAW所绘制的“A MAP OF THE RIDING COUNTRY BETWEEN THE SOOCHOW,RUBICON AND SICCAWEI CREEKS”。其他藏于上海市城建档案馆的由R.W.SHAW绘制的涉及虹桥路的地图还包括1906年、1909年等版本的“A MAP OF THE RIDING COUNTRY BEYOND THE RUBICON BETWEEN THE SOOCHOW AND SICCAWEI CREEKS”等。加上公共租界工部局工务处、上海市政府工务局等机构绘制的“上海特别市第一区西区道路规划系统图（1944）”“上海市煤气管线路图（民国三十五年）”等一系列20世纪初至20世纪三四十年代上海西区道路图、规划图，为我们了解虹桥路的道路走向、沿线风貌等提供了重要的参考资料。值得一提的是，其中部分地图时间之早、精度之高、内容之丰富，实属少见。除了馆藏地图资料以外，民国时期虹桥路沿线建筑档案同样也是复原虹桥路沿线风貌时的重要参考依据。一方面，丰富的建筑设计图纸为我们了解虹桥路沿线建筑风格样式提供了一手的资料；另一方面，档案内地盘图、地形图所透露的诸如道路、河流、村落等信息，文件、图纸所体现的业主、建筑师、营造商等信息，也为研究虹桥路的发展变迁助力良多。

除了馆藏地图资料外，存世的其他一些1901-1949年间的上海城市地图同样在一定程度上能反映虹桥路在这一阶段的历史风貌。此外，天地图系统中1948年版本的航拍图直观呈现了虹桥路在这一时期的基本风貌，惜因拍摄质量问题，古北路以西路段清晰度较低。值得一提的是，由于虹桥路沿线风貌自1949年至改革开放初期并未发生根本性的变化，清晰度较高的天地图1979年图层在诸如考证1949年前虹桥路沿线历史建筑的样式、机构/公共空间规模时，依旧可以发挥一定的作用。

地图资料之外，历史影像资料在复原历史风貌的过程中同样意义重大，由于虹桥路在1949年前地处上海西区郊外较为偏僻之地，因此留下的历史影像数量较少，主要集中在沪杭甬铁路以东路段，如南洋公学、东亚同文书院、立信会计专科学校、虹桥公墓等。

除了地图、历史照片等影像资料，历史报刊、指南、同时代人的研究报告等文献资料亦对本研究价值重大。首先，相较于地图、影像资料有助于为研究者快速建立空间层面的基本观感，文献资料则能够为了解当时的道路沿线风貌提供更为详细的细节支撑。其次，在复原如今已经消失的历史风貌和无形文化遗产方面，文献资料的价值尤为明显。最后，通过对丰富的文献资料进行比对研判，有助于我们厘清众多涉及虹桥路沿线建筑、机构、空间的疑团和谬误，为历史风貌保护夯实基础。

城市的记忆：

城建档案中的虹桥路（1901–1949）

虹　　　　桥　　　　路

第一章

虹桥路历史沿革概述（1901-1949）

（ 1 9 0 1 - 1 9 4 9 ）

一、虹桥路辟筑及发展的历史背景

（一）越界筑路

道路作为城市的命脉，承载着城市的空间布局与发展，同时道路也是组成城市公共空间的最基础元素。而在近代上海，则有一种特殊的道路——越界筑路。

越界筑路是租界方越过与中国政府划定的租界范围私自修筑道路，继而设置警力，总揽道路附近的工务、卫生、收捐派税等事宜，从而单方面将这些区域的管理权强归己所有的行为。历史学家熊月之对此曾评价道：“越界筑路是近代上海所有、其他城市所无的奇特历史现象”。①

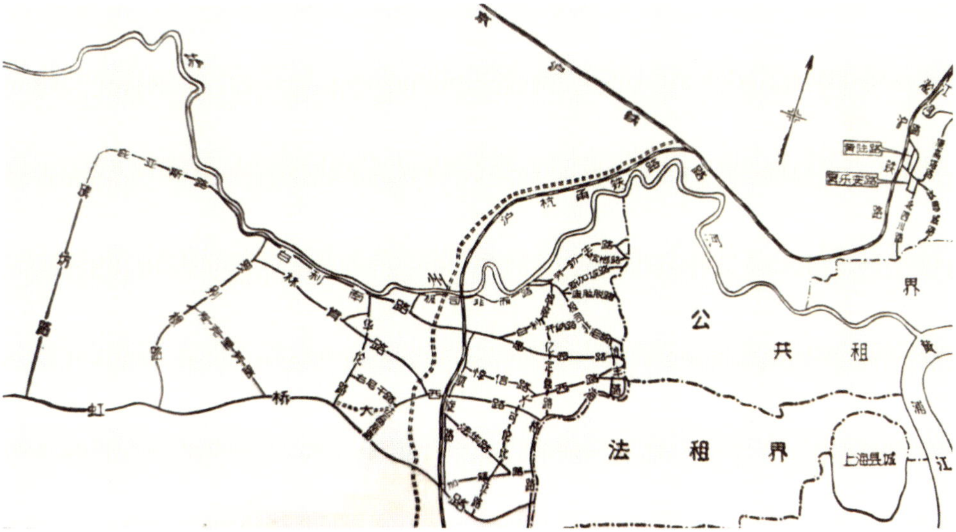

上海公共租界越界筑路简图

【来源◎徐公肃，丘瑾璋著：《上海公共租界制度》，见：上海公共租界史稿，上海史资料丛刊，上海：上海人民出版社，1980 年】

① 熊月之：《说不尽的愚园路》，《解放日报》，2017 年 9 月 30 日，第 10 版。

1845年，上海道台慕久与英国驻上海领事巴富尔（George Barfour，1809-1894）签订了《上海租地章程》，在黄浦江沿岸划定了一个区域作为英国人居留地，这就是中国最早的租界——英租界的由来。[①]随后，法国、美国等国也相继划定租界。随着不平等条约的加深，租界取得的特权也越来越多，成为"国中之国"。

1846年12月，旅沪英侨根据《上海租地章程》成立了"道路码头委员会"（Committee of Roads and Jetties），其职能范围包括道路、码头、桥梁等的修建，该委员会的成立标志着英租界内市政管理职能部门的出现。至此，在该委员会的主导下，英租界开始了其范围内道路的建设。随着英、美租界的合并，租界向苏州河北岸继续扩张，在街道建设计划中，公共租界提出"计划在虹口地区新建或延长41条马路，其中南北向24条，东西向17条，总长度约23公里"。[②]

越界筑路可以分为4个阶段，每个阶段的时代背景及其中的施政博弈也不尽相同。

第一阶段（1850-1868）以英租界跑马总会强行征地建造跑马场为起点。之后，英、法租界当局在太平天国运动时期又修筑了部分"军路"，此为该阶段主要的越界筑路道路。

清道光三十年（1850），5名英国商人组织起了跑马总会，越过租界西界，在今南京东路和河南中路交界处，以每亩不足10两银子的价格"永租"了土地81亩（约合5.4公顷）以开辟跑马场。后来因为该跑马场场地太小，不足以满足骑手赛马的需求，跑马总会又以9700两银子的价格，在今浙江中路花园弄两侧购得土地170亩（约合11.3公顷）建造了第二个跑马场。1861年，跑马总会利用太平天国运动时期大量难民涌入上海后地价高涨的时机将第二个跑马场土地高价售出，翌年又以低价购入了今西藏中路以西的土地，辟建了第三个跑马场。从原先的河南中路地界到此时的西藏中路地界，英租界已经扩大了数倍之多，在跑马总会董事霍格（W.Hogg）

---

① 苏智良：《上海城区史下册》，上海：学林出版社，2011年，第726页。
② 熊月之主编：《上海通史》（第五卷），上海：上海人民出版社，1999年，第135页。

和英国领事的强迫下，上海道台只得同意让他们以每亩25两银子的地价征用今西藏中路、南京西路、黄陂北路、武胜路之间466亩（约合31公顷）土地。这样，霍格等人便利用多次低买高卖土地攫取得来巨款的一部分修筑了从泥城浜（今西藏中路）通向静安寺的道路，这条长达3公里的收费道路即静安寺路（又称涌泉路，今南京西路），静安寺路（今南京西路）就是英租界第一条越界筑成的道路。

太平军进军上海时，美国人华尔组织的“洋枪队”苏沪地区，为军事活动的需要，租界开始在界外修筑道路，这些道路被称为“军路”。为防御太平军及“保卫”租界，西人通过与清政府的交涉后，于1862年2月成立了上海中外会防局。辟筑军路“以便兵丁炮车往来保卫”成了该局的首议之事。随着太平军进逼上海，军路的修筑除了运输军用物资，也被作为当时租界防御体系的一部分。通常“军路”的修筑被认为是租界越界筑路之嚆矢。1870年英领麦华陀就此事草拟一份《备忘录》，其中记述了当时的界外马路情况：

静安寺路：从飞龙马房至静安寺。

徐家汇路：从静安寺到徐家汇桥。

法界路：从徐家汇路桥至宁波神庙。

新闸路：从煤气厂桥接十字路至米勒之平屋。

从新闸至买根农场循苏州河至极司非而至法华接徐家汇路。

极司非而至静安寺。

吴淞路。

新杨树浦路。①

根据《备忘录》所载，此八条路所占马路地基总计1171亩。由以上诸路所涉及的区域为公共租界早期的界外筑路区。

第二阶段（1869-1898）起始于对界外“军路”的接收及1869年《土地章程》的修订。在1869年《土地章程》修订之后，租界得以“合法”

① 徐公肃，丘瑾璋著：上海公共租界制度，见：上海公共租界史稿，上海史资料丛刊，上海：上海人民出版社，1980年，第88页。

地在界外购买土地建造道路并营建花园，越界筑路也大规模地展开了。这一阶段内越界筑路的主要目的有所转变，同时又由于清政府与西方列强关系的不断恶化，土地所有权、界外管辖权的矛盾也日益尖锐，出现了一系列的抗议和冲突。

1869 年，为合理接管界外道路的管辖权，英、美、法等国公使批准实施了修订过后的《土地章程》，但中国政府并未批准该章程，只是在该章程实施时再由领事团告知上海道台。这次修订的《土地章程》中增加了这样的一条款项："租界内执业租主（旧议事人亦在内）会议商定准其购买租界以外连接之地、相隔之地，或照两下言明情愿收受（西人或中国人）之地，以便编成道路及建造公花园为大众游玩怡性适情之所。所有购买、建造与常年修理等费，准由公局在第九款抽收捐项内随时支付，但此等街路、花园专作公用，与租界以内居住之人同沾利益，合行声明"。[①]

这条款项基本上准允了租界在界外地区修筑道路、建造公共设施、实行市政管理的行为，同时它也使得界外侨民与界内侨民享有同等公共服务，如水电煤气、垃圾处理、警务巡逻等，这就为日后大规模的越界筑路和实施界外权力提供了借口和依据。

第三阶段（1899-1911）始于 1899 年上海道台宣布公共租界扩张方案。1900 年前后，义和团运动高涨。为了阻止战火南延，两江、湖广两总督与各国驻沪领事议定实行东南互保。此项约款虽兼有遏阻租界当局侵略之意，但又规定"租界、华界均需添办新扩各种筑路工程"，又一次为租界当局越界筑路提供了"根据"。

1899 年 5 月，新上任的上海道台李光久宣布了公共租界的扩张方案，扩张后的公共租界东抵黄浦江、南至洋泾浜、西为五圣庙至小沙渡一线、北临苏州河、面积扩至 32110 亩（约合 2141 公顷），之前越界筑路的区域正式划入公共租界范围；同时，法国总领事白藻泰（Gaston de Bezaure）也与两江总督议定了法租界新的范围，西面扩张到今重庆南路

① 王铁崖编：《中外旧约章汇编》（第一册），北京：三联书店，1957 年，293 页。

一带。1901 年 10 月，上海道台布告准许工部局直接与地方士绅商议租地筑路事宜，从此之后，在经济利益的驱使下，越界筑路进入了一个新的高潮。与此同时，在征地筑路受阻的情况下，填浜筑路逐渐流行。1904 年在修筑虹桥路时，当地华人强烈要求增设跨泾桥梁，但是增设桥梁无疑会增加工程开销，后来租界选择了填浜排管这一方式。[①] 这一时期修筑的道路有劳勃生路（今长寿路）、小沙渡路（今西昌路）、戈登路（今江宁路）、东京路（今昌化路），以及构成罗别根系统的虹桥路、罗别根路（今哈密路）、白利南路（今长宁路）等。

第四阶段（1912-1925）主要是以民国政府的成立为起始点，并以 1925 年“五卅运动”的爆发作为终点，可被视为越界筑路的尾声。随着汽车这一新兴交通工具的出现，租界内路网系统面临着新的需求与挑战。同时，受征地制度的严重制约，公共租界的筑路视角发生了转变。1924 年，工部局成立交通委员会，规划了一个环绕租界的干道体系，计划让公共租界东区、西区和北区取得直接的联系。受制于当时的政治局势和财政原因，这样的环路修筑规划未能完全实现。在法租界方面，根据 1914 年设定的全面道路规划，法租界越界所筑道路则更加着眼于对现有道路的拓宽与对现有干路体系的补充。

1924 年 9 月江浙战争爆发后，西方列强利用混乱抢筑了一批向西延伸的道路以联系上海远郊，达 5 公里之多。1925 年 4 月，交涉员陈世光向领事团提出抗议，未果。是年，工部局在沪西越界筑路 13 条：地丰路南段（今乌鲁木齐中路）、胶州路、乔墩路（今淮海西路）、安和寺路（今新华路）、哥伦比亚路（今番禺路）、凯旋路、敦信路（今武夷路）、法磊斯路（今伊犁路）、林肯路（今天山路）、佑尼干路（今仙霞路）、麦克利奥路（今淮阴路）、碑坊路（今绥宁路）、比亚士路（今北瞿路）。

上海市城市建设档案馆馆藏的一张 1929 年西区规划图中就能看到部分道路当时的走向与沿线风貌。地图显示，这一时期，作为虹桥路沿线重

① 上海市档案馆馆藏档案，档案编号：U-14-4893。

要支路的哥伦比亚路（番禺路）已经筑成，其与虹桥路相交路口西北角的虹桥公墓也已初具规模，周边其他道路如乔墩路（今淮海西路）、安和寺路（今新华路）、凯旋路等也都清晰可见。

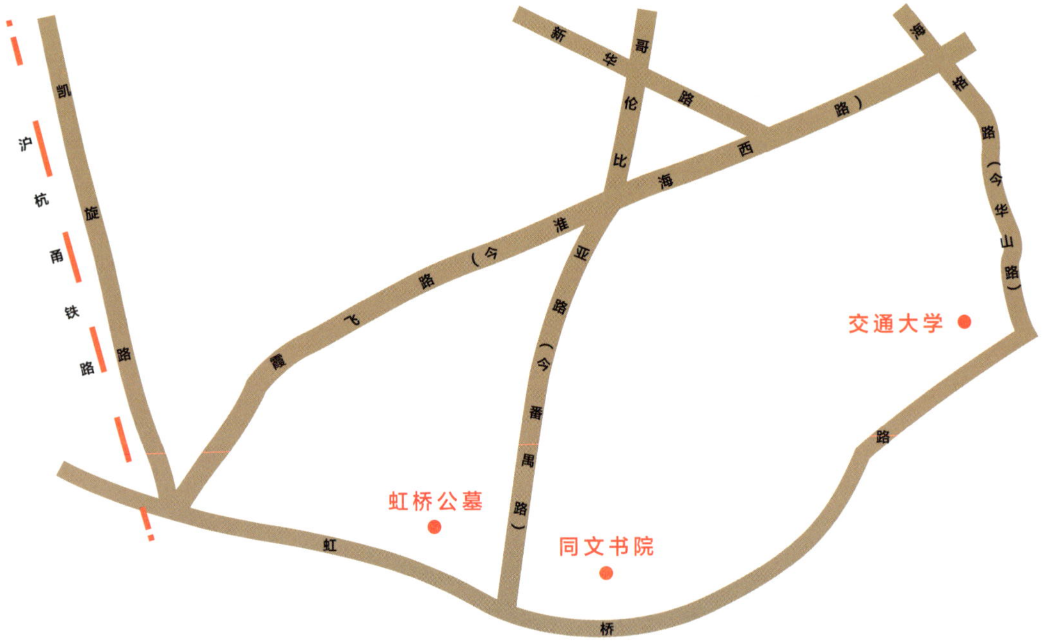

虹桥路沪杭铁路以东路段道路走向与沿线风貌（1929 年）
【来源◎上海市城市建设档案馆自绘】

越界筑路对租界权力来说，既是一种生成，又是一种僭越。一方面，从生成的角度来说，越界筑路与租界范围的生长具有连带关系。历年来，通过工部局在界西及界北所筑持续不断的越界道路，直接受租界影响与控制的面积已大大超过原有租界的面积。越界筑路直接生成了“准租界”性质的越界筑路区，再借由对道路的行政管理使得原有的租界界址悄然扩张，以此反复进行，租界的政治性权力得以循环再生。原先是越界筑路，后来就无形扩充了租界，所以越界筑路的影响不在于路本身，而在于借助筑路所产生的权力区域的扩展。另一方面，在中国政府无能力维持道路秩序的时候，工部局除越界筑路外，积极延展至自与道路有连带关系的征税权与设警权。利益与安全的相互配合使租界势力不断向华界延伸，这种本质上源自资本循环再生的秩序依赖于工部局所制定的一系列规则。道路干涉了权利区域，工部局对筑路的热衷反映出租界扩大范围的欲望。正如费唐所说，界外马路的拓展事关公共租界的中心经济地位能否保持，是维持其伟大之商务及工业中心地位的必要途径。①

界外道路的英文是“Extra-settlement roads”或“outside roads”，并没有中文“僭越”的意思，在工部局看来，为了维持租界的整洁秩序与经济繁荣，道路的建筑与以道路为基础的征税权与设警活动，都是在现代治理原则下由租界自然地向外发展的必然结果。从表面上看，工部局要求扩张租界的原因是被动的，因为它把租界需要扩展的原因归于租界内华人数目的急剧增加，认为人口与土地比例的不协调会产生拥挤，不仅会降低交通的便利，增加租界内市政服务的压力，还容易导致公共卫生问题。对工部局来说水电、卫生、交通、消防、保安是现代城市市政的基础，而拥挤产生出的混乱与污秽不符合中外居民的生活利益，也无益于租界社会的福祉与进步。但如果从资本循环角度出发，就会发现租界扩张的主动性，它是合乎资本主义市场经济供需法则逻辑的结果。

郭泰纳夫对此进行了清晰的表达：“不可抗拒的经济法则，绝对要求

①《费唐法官研究上海公共租界情形报告书》（第三卷），工部局华文处译述，1931年，第1-2页。

租界面积的扩张。华界的不卫生、闸北巡警的无能及租界的人口过多，都背离了经济法则……经济因素使公共租界成为中外贸易中心与现代工业中心，也推动着西人社会为租界的扩张而奋斗。公共租界作为一个生活的有机体，不能围在篱笆后面，也不能束缚在限定的区域内。它要为自己正常的循环和发育争取空间和空气。这不受任何政治、行政因素的支配，而仅仅服从于供需法则。需求大于供给时，价格上扬，公共租界因而必须扩张！”[①]

（二）西区的开发

西区的越界筑路区是公共租界在其向西扩张过程中形成的。最初的越界筑路区主要以泥城浜（今西藏中路）以西至静安寺，苏州河以南、洋泾浜以北的地区。1899 年租界扩充后，越界道路所及的大片区域被纳入了公共租界的管辖范围。此后所谓的沪西越界筑路区主要指公共租界西界以西，由劳勃生路（今长寿路）、白利南路（今长宁路）、罗别根路（今哈密路）、亿定盘路（今江苏路）、大西路（今延安西路及延安中路）、愚园路、极司非而路（今万航渡路）等多条越界马路构成的区域。

1899 年清政府承认公共租界扩张，租界西面的界线由泥城浜（今西藏中路）扩展到了静安寺附近，租界西区的这片越界筑路区域被正式纳入租界的管辖范围。但公共租界向西的越界筑路并不因此而停止。1901 年，公共租界当局借口开筑通往佘山的马路，与上海地方政府几经交涉。之后，工部局先后修筑了虹桥路、罗别根路和白利南路。此 3 条马路构成了公共租界最大的越界筑路区域。

这一区域位于上海县城以西，在越界筑路之前主要为农业区。1862 年，跟随日本“千岁丸”上海之行的纳富介次郎在《上海杂记》里描述道：“上海的西面都是农村，房屋非常矮小，房顶都是用茅草、麦秸、稻草作的，

① [俄] 郭泰纳夫：《上海公共租界与华人》，朱华译，上海：上海书店出版社，2017 年，第 58 页。

墙是用竹子编的，而其不糊泥。”[①] 同行的名仓予何人，亦在《海外日录》记载“至西门。城与惶之间相去十余步，皆为田菜，内多坟墓”。[②] 这与清末的文人笔记记载是相同的，如黄式权在《淞南梦影录》记载“沪西南隅，地近荒僻，多野桃花”。[③] 王钟编录《法华镇志》对此作了更详尽的描述“田多高壤，宜植木棉。以牛耕者，曰使田；以铁耕者，曰全田；芸草，曰脱花；粪田，曰膏奎；雨后召工，曰忙工”，“镇壤地褊小，咸植木棉，工纺织，以易粟，此产之最著者。至若蔬菜、鸟兽、卉木、虫画《尔雅》所不遗，生长田间，敢忘蔬艺”，“五谷之属，与地宜者二：阮麦，一名□麦，有赤白二种，种与大小麦同，获较早。鸡头粟（玉米）四月种，八月熟”。[④] 法华镇位于上海县城以西，尽管上文描述的是法华镇，但由于西区近法华镇，其农作生产与法华镇大致相同。

《近代上海城市研究》一书中曾指出，“西方殖民主义者在疯狂的贪欲、权势驱使下，大肆‘越界筑路’，客观上成了推进上海城市交通发展的杠杆，历史让他们成了不自觉的工具”。[⑤] 越界筑路打破了沪西地区传统的农耕生活，使其开始向现代工业城市转变。一方面，工部局筑路之后，租界势力立即到达，该处地价立即上涨数倍，因而越界筑路成为造成这些区域地价不断增长的主要原因。[⑥] 另一方面，工部局通过向越界筑路区域内的居民征税，来兴办电车、电灯、自来水、煤气等市政设施，进一步推动了沪西地区商贸的繁荣。

上海市城市建设档案馆馆藏档案显示，至迟在 1937 年抗战爆发前，沪西地区已经建立了相对成型的自来水管网络，其中虹桥路东首至沪杭甬铁路这段就铺设有自来水管道，而这也是当时整条虹桥路中城市化程度最

① ［日］纳富介次郎：《上海杂记》，转载冯天瑜《“千岁丸”上海行：日本人 1862 年的中国观察》，武汉：武汉大学出版社，2006 年，第 272 页。
② ［日］名仓予何人：《海外日录》，转载冯天瑜《“千岁丸”上海行：日本人 1862 年的中国观察》，第 371 页。
③ 黄式权：《淞南梦影录》卷一，上海：上海古籍出版社，1989 年。
④ 王钟编录：《法华镇志》，上海：上海社会科学院出版社，2006 年。
⑤ 张仲礼：《近代上海城市研究》，上海：上海人民出版社，1990 年，第 233 页。
⑥ 张辉：《上海地价研究》，南京：正中书局，1935 年，第 4 页。

高、工商业最繁荣的路段。

租界在西区越界筑路虽然带动了区域经济的发展，但由于分属不同治权的管辖范围，其在行政、警务的管辖上呈现出混乱的局面。租界越界修筑的马路由租界巡捕管辖，两侧则成为租界与华界“两不管”地区。比如烟、赌、娼一直是近代上海城市社会的顽疾，尽管这些非法行当有时是租界财政收支的来源之一，但因其滋生犯罪活动，租界当局仍对此严加限制。英租界、法租界和华界当局曾不止一次联合开展取缔赌场的行动。其结果是，公共租界内的许多赌场迁往租界以外邻近租界的越界筑路区，沪西即是其中之一，利用这一区域的特殊性，继续经营这些非法的营生。

这种治理的混乱，在“孤岛”时期体现得尤为明显，由于权力的真空，租界当局、日本军队、汪伪势力、国民党势力在越界筑路区互为搏杀，尤其在沪西越界筑路区。多方势力的角逐使沪西成为沪上“歹土”，汪伪特工总部七十六号就设在沪西极司非而路（今万航渡路）上，非法产业横行与此。据陈存仁回忆：

愚园路本是高等住宅区，晚上很清静，谁知道这时期，两旁全是霓虹，开了无数游乐场，所谓游乐场，全是公开的大赌场，我们车子停在一个“好莱坞游乐场”门口……这家“好莱坞”原是一个大型花园住宅，里面熙熙攘攘挤满了千百赌客，灯光照耀如同白昼。①

大量的界外道路形成了越界筑路区，公共租界的西区和北区及法租界的西区在1900年以前均是越界道路最多的区域。这些区域在公共租界、法租界第二次扩张后均被纳入了租界范围之内。但之后，仍然有许多新建道路越出租界范围，费唐法官在20世纪30年代关于公共租界的研究报告中论及界外西区和北区时指出：

公共租界内中外人民之利益，与租界外马路区域有种种关系。该两地区地面，对于现有之公共租界，关系已重。自将来所可希望之进展方面观之，其关系尤大。设使公共租界维持其伟大之商务及工业中心地位，且能就此

---

① 陈存仁著：《抗战时代生活史》，上海：上海人民出版社，2001年，第87页。

种地位继续发展。则公共那个租界内各机关商肆及工厂所雇用之多数人员，其有赖于该两地区之限度，必日见增加。非仅为该两区能供给扩充地面，以为居住之所，且因关系偌大社会生活健康之各项设施所需地面。在现有公共租界界域之内，已不敷用。而该两区则能供应其急需。故该两地区之如何处置，及其行政之性质何若，均于公共租界之现在及将来利益，有存亡与密切之关系。①

尽管，报告所持的立场是以租界为中心的，但越界道路区的重要地位仍不容忽视。租界扩张的动力主要来自于商业利益的引导及市政管理和建设的需要，日益繁荣的租界社会由于人口的增加和商贸活动的活跃，对于土地需求亦不断增大。但是，由于租界在上海社会中所处的特殊的政治地位，以及与华界异质的文化背景，租界的外扩始终是一种非常态的发展，华洋冲突频频发生，同时由此引发诸多不同层面的问题，小则关系普通的市民生活，大则涉及国家主权。

费唐法官在其报告中依据 1930 年的人口统计，在越界筑路区内西区的外侨人口为 4118 人。② 由于近代上海对于华界人口统计的局限，越界筑路区的华人人口数量没有准确的统计数据。就外侨在越界筑路区人口增长可以发现，20 世纪初，大量的外侨聚集于越界筑路地区。1900 年以后，租界在界外展筑的马路路线更长、范围更广，同时在租界周边邻近华界的城郊地区出现了大量的花园住宅和公寓房，并随着越界筑路向西扩展，沿着几条干道迅速发展起来。

近代上海租界城市化的过程，很大程度上受地产开发利润驱动，或者说，越界筑路是实现政府与私人地产主利益双赢的主要途径。台湾学者郭奇正指出，越界筑路是租界“当局维护并持续都市统理的结构性必然”。③一方面，筑路后人口增多，所收取的地税、房捐亦增多，财政收入亦多，

① [英]费唐著:《费唐法官研究上海公共租界情形报告书》(第三卷)，工部局华文处 1931 年译述，转引自熊月之主编：《稀见上海史志资料丛书》（第九册），上海：上海书店出版社，2012 年。
② [英]费唐著:《费唐法官研究上海公共租界情形报告书》(第三卷)，工部局华文处 1931 年译述，转引自熊月之主编：《稀见上海史志资料丛书》（第九册），上海：上海书店出版社，2012 年。
③ 郭奇正:《上海租界时期中产阶级城郊宅地的社会生产》，台北: 台大地理学报，2004 年，第 35 页。

尽管基础设施费用昂贵，但其回报率很高。另一方面，筑路可为房地产资金提供只需循路建房就能贩售牟利的环境。而以罗别根系统为基础的沪西越界筑路区得益于其广阔的土地范围，建造着大量的外侨住宅和富商大贾的别墅。陈存仁在其《抗战时代生活史》中描述沪西越界筑路区时这样写道：

沪西本属华界，有几条极长而又宽阔的柏油路，这些路是租界当局斥资越界建筑的，所以上海人称这个地区为“越界筑路区”。这事由来已久，每逢中国政局不安靖时，租界当局便乘机筑路，所以路线越来越长，幅度越来越广。未筑路时，原本都是耕地，一经筑路，沿线地价直线上升，所以拥有耕地的人，也唯恐租界不来筑路，筑路之后立刻便成为富翁，同时筑起华丽的大住宅来，路旁都栽有树木，格外显得幽静高雅，很多有钱人都在那里置业。[①]

以罗别根系统所圈定的沪西越界筑路区为例，越界筑路带动了界外地区的土地开发，以租界资本主义方式经营的房地产业在界外地区获得了资本扩张的空间。越界筑路区存在着大量的西式花园别墅和高档住宅区，大量的外侨聚居于此，对于邻近租界地区的商业发展有所促进。同时由于展筑道路，租界当局给予界外华人土地业主以让路费，使华界商人亦乐意在这些地区购房置业。这也是越界筑路区获得土地开发的重要因素。另一方面，由于这些区域的土地价格和房租租价较之于租界的中心区域相对低廉，吸引了大量中外商人在这里开厂建房，因此沪上的工业用地多集聚与此。人口的聚集、房地产的兴盛，以及工商业的发展促进了经济整体的发展。

---

① 陈存仁：《抗战时代生活史》，上海：上海人民出版社，2001 年，第 84 页。

（三）纸猎赛马

以下这3张馆藏地图绘图人为“R. W. SHAW”此人全名为“Randall Walker Shaw”，为美商旗昌轮船公司（Shanghai Steam Navigation）职员，退休后在上海苏州等地经营农场，故也被称为“肖老农”。早期的西区界外绘图资料多来源于此人。上述3张为十分少见的早期沪西越界筑路区详尽地图。相较于同时期多数地图仅仅涉及虹桥路东首即南洋公学一带，上述3张地图则为我们全面呈现了虹桥路在20世纪初期的整体风貌，图中除了可以清晰知晓虹桥路当时的道路走向之外，沿线村落、河流等信息也得到了丰富的呈现。从这3张地图可以看出，迟至1909年，虹桥路沿线村落散布，河网纵横，整体还是一派江南传统的乡间风貌。

OBITUARY.

MR. R. W. SHAW.

It is with deep regret that we record the death, from heart trouble, of Mr. Randall Walker Shaw, which occurred on Thursday afternoon at his residence, The Farm, Sicawei Road. Mr. Shaw, who was in his 70th year, was one of the best known residents of Shanghai, having lived here since the late sixties. He came out as an engineer for the Shanghai Steam Navigation Co., and served that company faithfully for very many years, sailing in the majority of their vessels. He then devoted his time and attention to dairy farming, in which he was most successful. His first venture was at Pootung, and then he purchased the land on which Taising Terrace now stands, where he again carried on dairy farming. The success which attended the enterprise may be judged by the fact that not long afterwards Mr. Shaw had two farms on the way to Soochow, towards "The Island," and when he sold the Taising property, he purchased his present farm on the Sicawei Road.

R.W.SHAW 的讣告

【来源◎《字林西报》，1914年9月26日】

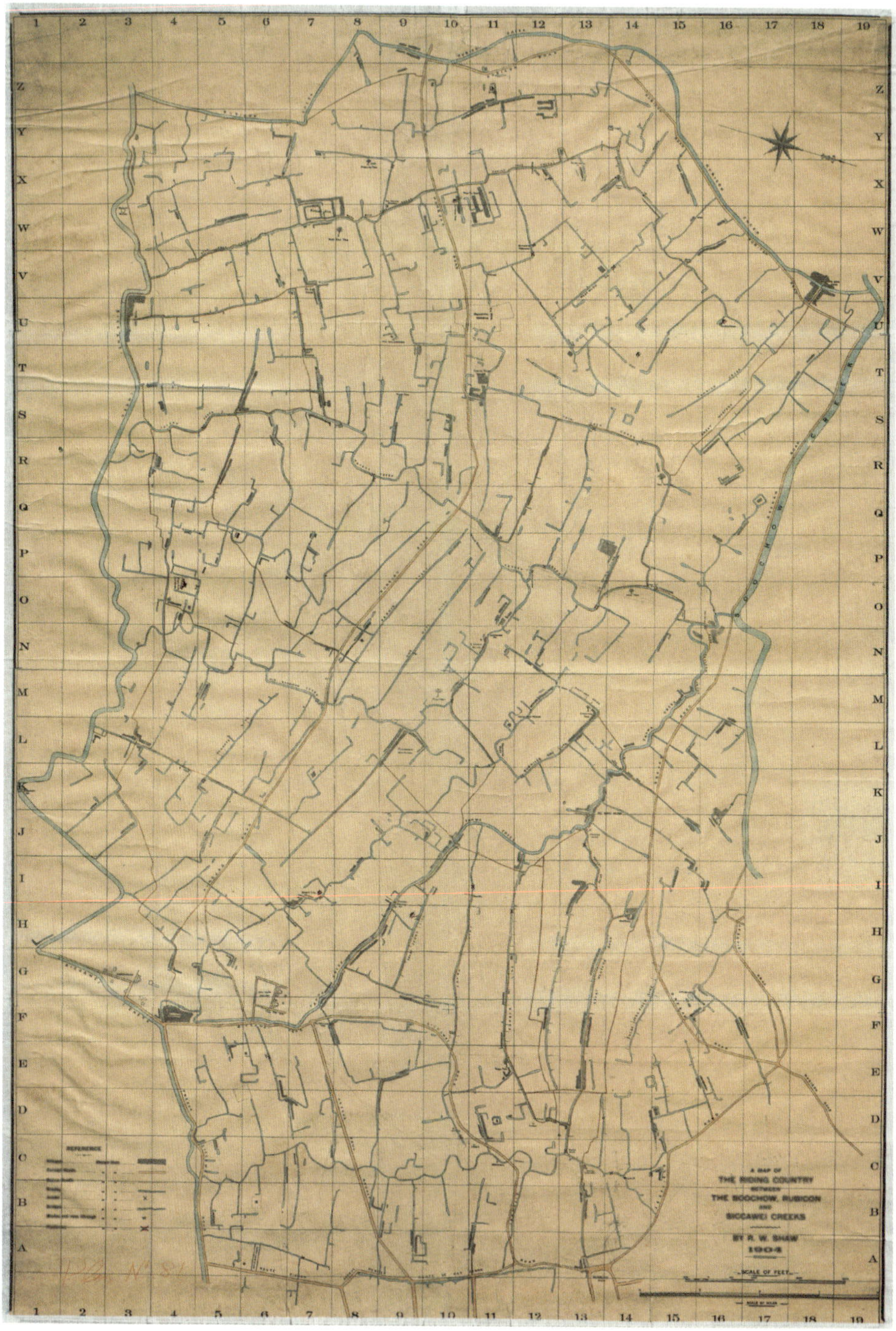

新泾港以东虹桥路沿线风貌（1904 年）

【来源©上海市城市建设档案馆馆藏】

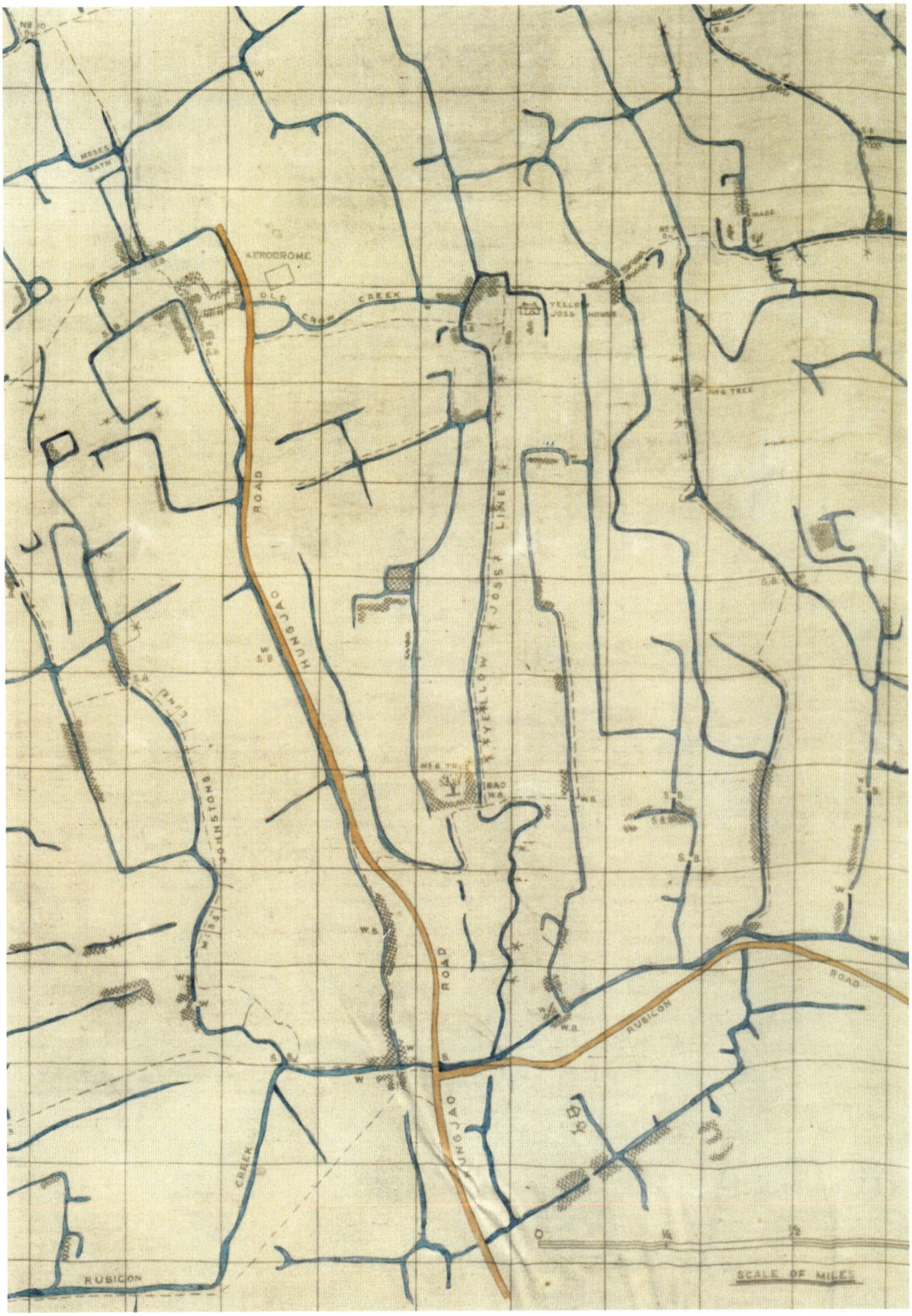

新泾港以西虹桥路沿线风貌（1906 年）

【来源◎上海市城市建设档案馆馆藏】

新泾港以东虹桥路沿线风貌（1909 年）

【来源◎上海市城市建设档案馆馆藏】

在晚清的一些文人笔记和《申报》上，曾谈到上海西侨风行的一项活动——跑纸。如1888年刊行的《游沪笔记》说："跑纸，春秋佳日，西人遣细崽马丈囊携碎纸，乘马至远郊随意抛弃。次日，由西人乘骑去觅，能遵原路而先到纸尽处者为胜。"这跑纸运动又被称为跳半涉、撒纸赛马、纸猎赛马、猎纸等，是上海西侨通行的一项赛马活动。

这种活动是由猎狐活动（Fox Hunt）演变而来。早期猎手们携狗骑马，在荒野丛林中搜寻狐迹，猎捕狐狸，先猎着狐狸者为胜。后逐渐演变成用纸扮演狐狸的角色，由骑士预先将纸隐匿灌木中，以象征狐狸的踪迹，猎狐者骑马循迹紧追，以先到目的地者为胜。"有时，比赛的具体路线在比赛前一日由5个马夫携碎纸，沿途抛撒，或断或续、或河或田，并无定规。比赛时，赛者以先到纸尽处者为胜。获胜需要速度，更重要的是认路，防止驶入歧途而耽搁时间。"① 在《Grolier international Encyclopedia》（《格罗利尔国际百科全书》）中有"sport hunting"词条，并有一张绘有带着一群猎狐狗的骑马生动画面，指明在19世纪猎狐比赛是一件时髦的社会活动。相比之下，撒纸赛马有异曲同工之妙，但不猎杀狐狸，似乎更符合生态保护的理念。这种西式的体育活动在上海曾经留下了重要的痕迹。早年为各国来沪军士中流行，第一次赛马为清同治二年（1863）十二月，清同治三年（1864）上海成立了纸猎赛马俱乐部（Shanghai Paper Hunt Club），纸猎赛马成为上海外侨重要的体育赛事，1881年英国皇族曾在沪参加猎纸比赛，其中就包括了后来的英皇乔治五世。②

纸猎赛马在当时的上海的著名报纸《申报》中记载较少，究其原因，主要是当时中国人对这种完全西方的体育运动尚无兴趣。从西文《字林西报》中我们可以对此项运动有一个进一步的了解。从《字林西报》不间断的报道中我们可以发觉当时纸猎赛马在外侨中是一项比较重要的户外活动，而上海纸猎赛马俱乐部（Shanghai Paper Hunt Club）是一个非常重要的运动俱乐部。1891年有4位英国皇族成员参加上海的纸猎赛马比赛就

---

① 张岚：《一种业已消失的户外运动》，《都会遗踪》，2009年第2期，第91页。
② 郎净：《近代体育在上海（1840-1937）》，上海：上海社会科学院出版社，2006年，第41页。

虹桥路上的越野障碍场地
【来源© A history of the Shanghai Paper Hunt Club, 1863–1930】

是明证。

一般在星期六的头版，会有纸猎赛马赛事的公告，星期一则有评论。这在每天仅有4版的《字林西报》中十分突出。从H. E. KEY-LOCK获奖的时间也可看出这种时间的分布，但1901年4月是个例外，周六无相关报告。从现在所能查到的《字林西报》都有赛事的公告，1901年1月1日和4月6日的报纸上海图书馆没有留存，目前无从稽考，其他都有公告。这里都刊登在第一版暨港口航运信息公告后的广告首条。就是跑马总会的信息广告也放在它后面。

值得注意的是 paper hunt 与 race 分开，是两种完全不同的赛马运动。公告是以上海纸猎赛马俱乐部的名义发的，表明比赛的具体时间和地点，天气是否允许，时间一般是星期六下午的 3 点半，地点每次都在变动，1897 年 1 月 9 日是从靠近徐家汇出发，终点为徐家汇路（今华山路）的 Tidal Creek 附近；1897 年 2 月 13 日始点是徐家汇路（今华山路）的 Blydenburgh 拐弯处，终点在 Trefancha 背面；1898 年 2 月 19 日是从徐家汇路（今华山路）的 Clatter 桥出发，终点为 Tidal Creek 岛附近，马车可在徐家汇路（今华山路）肖先生（Mr. Shaw）房子附近等候；1900 年 1 月 13 日是从徐家汇村（Sicawei village）后面出发，终点是极司非尔（今万航渡路）附近；最后是主任的落款和公告的日子。

参加赛马活动的人员不限国籍，以西人为主，也有中国人参加。为更好地举办各类比赛，热衷于赛马的人们组建了不少赛马俱乐部。主要的野外赛马俱乐部有：纸猎赛马会、追猎会、猎獭会等。俱乐部间的成员也多有重复，俱乐部成员多为在上海的商人，他们也为赛马活动提供了资金保障。一个人可以同时参加几个俱乐部。赛马俱乐部有理事会、选举主管，定期举办年会和比赛，并制订比赛规则，设立奖项，确保这项运动井然有序地发展。

早期纸猎赛马活动在“春秋佳日”举行，约从 19 世纪 70 年代中期开始，比赛大多安排在冬季举行。每年 12 月至次年 2 月底，每逢星期六下午举行一次，除非雨雪天，概莫例外。期间正逢圣诞和元旦两大节庆日，通常也以举行猎纸活动志庆助兴。如果偶有不便，不能如期在郊外举行，游戏便会转而安排到跑马厅，时间通常在 3 月。[①]

① 姜龙飞著：《上海租界》，上海：文汇出版社，2014 年，第 209 页。

初期，猎纸游戏的运动路线，起点大多安排在今福州路东端，终点为跑马厅（今人民公园）。由此可见，当时这片地区尚属郊外，阡陌农舍，一派乡村面貌。然而开埠之后未及几年，这片区域已不复乡野地貌，变得日趋繁荣，显然不再适合进行狩猎之类的活动。猎纸活动于是改从徐家汇出发，循虹桥路，一路西驰，以今上海动物园东面的乡村界河罗别根河（即北新泾）为终点。太平天国运动时期，该运动一度停止。到了 1863 年，上海租界局势渐趋稳定，这项活动恢复举行，以后并每年举行。①

上海纸猎赛马会是专门主持纸猎赛马活动的俱乐部。只要能养得起一匹马的人，都有资格成为俱乐部成员。会员每年须缴纳 5 元会费和每匹马 1 元的登记费。对热衷于此的人而言，这笔开销不算太贵。纸猎赛马会每年选举产生一届理事会，再指定会长负责实际管理事务。纸猎赛马会对纸猎赛马活动进行了规范化的组织和管理，完善赛制和奖项。

每场越野比赛的起点和终点现场，除了从市区远道而来观赛的西人，就数当地的中国农民了。他们扎堆聚集在赛场的不远处，一样是看西人赛马，跑马厅有围墙阻隔，入场还要买票，相比之下，观看越野赛视野开阔又免费，好奇的中国人更不用伸长脖子，挤破脑袋看热闹。不过并非所有农民均有雅兴观赛，由于一些骑手在比赛中糟蹋农田，弄折果树，亦有农民会不断给越野赛制造麻烦。比如破坏比赛线路上的障碍物，向正在比赛的骑手丢石子、垃圾等。

---

① 吴志伟著：《早期旅沪西侨的几种体育娱乐活动及影响》，潘君祥主编：上海市历史博物馆编，《上海市历史博物馆馆刊第 2 辑》，上海：上海社会科学院出版社，2004 年，第 309-310 页。

上海纸猎赛马赛事中常用的蒙古矮种马铜模
【来源© A history of the Shanghai Paper Hunt Club, 1863-1930】

为保证比赛顺利，1899 年纸猎赛马会通过英领馆转告中国政府，纸猎赛马会愿对比赛时参赛者破坏当地农民作物作赔偿，并希望将此信息广而告之。但这条看似公道的公告全由西文写就，农民根本不懂，甚至从不知道，更无从落实赔偿。农民要求赔偿的申诉由专事华洋案件的会审公廨受理，赔偿金也存放在会审公廨。规定出台后，纸猎赛马会支付给农民的赔偿金总额只有 18 元。除了向乡民表达“善意”，纸猎赛马会还专门成立了一支骑手小队，全程跟踪比赛，处理比赛中意外状况。之后，纸猎赛马所受干扰少了很多。当时的西人更愿相信是因为合理的法规让农民得到赔偿，安抚了情绪。部分中国人由于赛马比赛而获得了工作机会，可能也是原因之一。

纸猎赛马这项赛事在近代上海一直延续到了 20 世纪 40 年代初期，之后由于太平洋战争爆发等原因，最终画上了句号。

二、虹桥路辟筑探讨

（一）虹桥路路名考

与现今虹桥路相关的“虹桥”一词最早出现应是在明正德年间（1506年），蒲汇塘两岸、顾家弄两侧渐成集市，以跨蒲汇塘之桥梁“虹桥”命名。“虹桥”首见于《万历上海县志・图》（1586年-1588年纂修），标跨蒲汇塘，该志卷五乡镇诸桥目中，又记“虹桥在二十八保”。《康熙上海县志一•镇市》（1683年纂修）载：“虹桥市在二十九保，在县西二十四里。”当地传说是：“桥跨蒲汇塘，夏日雨雾，立桥头常见彩虹贯空，气象万千，以虹名桥。”至今已有500多年的历史。

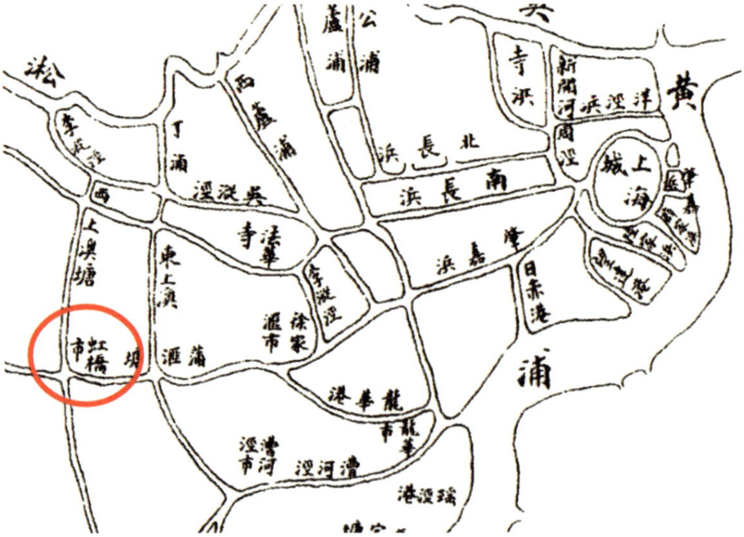

淞南水道图中标注的“虹桥市”

【来源◎《上海县续志》（1913–1918年纂修）卷一】

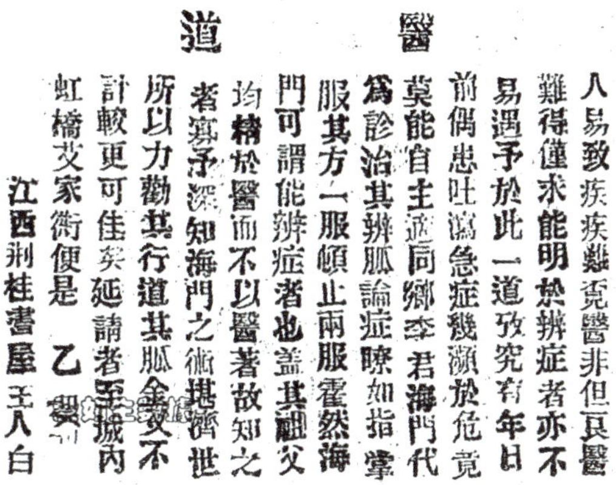

醫道

八易致疾疾雖竟醫非但良醫難得僅求能明於辨症者亦不易遇予於此一道攷究有年日前偶患吐瀉急症幾瀕於危竟莫能自主适同鄉李君海門代爲診治其辨脈論症瞭如指掌服其方一服頓止兩服霍然海門可謂能辨症者也蓋其祖父均精於醫而不以醫著故知之者寡予深知海門之術堪濟世所以力勸其行道其脈金亦不計較更可佳矣延請者至城內虹橋艾家衖便是 乙[illegible]

江西荆桂書屋主人白

关于“城内虹桥艾家弄”的一则报道

【来源◎《申报》，1874 年 11 月 3 日】

历史上，上海境域有多处“虹桥”地名，但多已消失。其中较为知名的有原上海县城内（老城厢）横跨肇嘉浜，并连接三牌楼和艾家弄的一座“虹桥”，现今大致在复兴东路三牌楼路望云路交叉口的位置。另外，虹口地区横跨虹口港的 3 座桥梁也依据它们距离黄浦江的位置分别被冠名“外虹桥”“中虹桥”“里虹桥”。这 3 座桥梁历经翻建现今仍存，分别位于东大名路、东长治路和汉阳路之上，但已少有人还使用这些旧名。

据《虹桥乡志》载，过去的上海西部郊区有一条宽宽的蒲汇塘河，清澈的河水两岸有一座横跨的木桥，呈穹形。它原名叫望云桥，想来站在桥上，可以清晰地看到远方飘逸的云朵。每逢酷暑，一阵阵清凉的雨水下过，人们倏觉气候宜人，在享受凉爽之余，抬头远眺，望云桥上一道彩虹凌空腾起，姹紫嫣红地悬挂在桥上，呈现一片生机勃勃的景象。久而久之，人们就习惯地把这座木桥唤作虹桥。[①]

虹桥周边方圆数十里，阡陌相连，村落毗邻，一派江南田园风光。这里的地名就借以桥名，叫作虹桥乡。这地名叫了许多年，一直到目前被叫作虹桥镇。当地流传着一首申江竹枝词：“今朝鸡鸭早归笼，明朝太阳红彤彤，黄昏上云半夜消，半夜上云雨来到。”短短 4 句，描述的就是虹桥温润的乡土景观。

清《同治上海县志・卷一・镇市》中记：

县之西，旧载镇市凡六，今增者一：法华镇县西十二里，以法华寺名，吴松巡检司驻此、徐家汇市法华南三里，徐文定公墓在焉，其裔多居此，

① 上海县虹桥乡乡志编写组编修：《虹桥乡志》，1986 年 1 月内部印行。

近年始成市、虹桥市县西南二十里、北新泾市县西二十一里、杠栅桥市县西北二十二里、华漕市县西三十里、诸翟镇县西四十里，其西属青浦、嘉定。以二姓得名，一名紫堤。有嘉定诸翟巡检司驻此。

据《上海县续志》记载，虹桥这一古桥曾于光绪三十四年由乡绅出资重修，其卷一淞南水道图中亦标注了虹桥市。这座石桥遗址据说在吴中路与中环线交汇处，修筑中环路时被拆除填没。

外文文献中虹桥多被译为HungJao，HungJao一词的最早出现尚待查证，在1901年虹桥路修筑之前，大部分提到HungJao的外文报纸资料都是与纸猎赛马相关。英国商人于1900年前后于程家桥西开设老裕泰马房，此与纸猎赛马有所关联，马房所在地即后来的虹桥高尔夫球场。据现有资料可见的是1891年的The North-China Herald and Supreme Court & Consular Gazette（《北华捷报及最高法庭与领事馆杂志》）。这份报纸1891年1月2日第13页记载了一场Saturdays Paper Hunter（纸猎赛马），其中提到了outer HungJao line。① 在1891年的HungJao line之后，1895年的纸猎赛马报道中开始出现HungJao Road一词。1901年开始出现了大量关于工部局越界筑路的相关资料。笔者认为，早在越界筑路之前，虹桥路应该是作为一条非正式、非公路的道路所存在的。除此之外，在早期的外文地图中，虹桥路的虹桥一词亦有“Hong-Jao”“HungJow”等译名，因数量较少，暂未有深入研究。

（二）虹桥路筑路始末

据《申报》记载，早在1899年，上海招商、怡和、太古三大公司及其他各国商人即拟开筑一条自徐家汇天文台到佘山的马路，起因是徐家汇天文台拟迁往佘山。②

---

①《The North - China Herald and Supreme Court & Consular Gazette》1891年1月2日，第13页。

②《申报》，1899年5月18日，第3版。

移建星台 ○徐家匯天主堂向有天文台一座近因該處地勢狹窄由管理之教司鐸另行擇地在青浦縣境之佘山建造現已土木大興約年內可以工竣而滬上各國商船及各行家之商輪出口皆須往該台一問有無風險刻下遷往佘山雖遇路遠往來殊多不便現聞滬上招商怡和太古三公司以及各巨商擬由上海開築馬路一條通至佘山須可乘脚踏車馬車疾駛而至已有成議不日即當稟請大憲准予開辦矣

关于天文台移建及佘山筑路一事的报道

【来源◎《申报》，1899 年 5 月 18 日】

1901年2月，时任领袖领事葡萄牙总领事华德师（J.M.T.Valdez）照会上海道袁树勋，要求同意工部局开筑由徐家汇路至佘山的佘山路；同时，英国驻沪总领事白利南（Byron.Brenan）亦就此事会晤袁树勋。对此，袁树勋同意虹桥路从徐家汇路延长到上海县境内，工部局即在上海县境内越界修筑了从徐家汇到程家桥的虹桥路（同年又将虹桥路向西延长，从程家桥延长至今机场附近，名为佘山路）、从程家桥起折北到苏州河的罗别根路（今哈密路）和从罗别根路北端向东的白利南路（今长宁路）共3条马路。

嗣后，英国驻沪总领事霍必兰（P.L.Warren）又一再照会袁树勋，要求展筑通至佘山，被袁树勋拒绝。袁树勋即照会霍必兰，指出："中英条约十二条载明：洋商不得在内地筑造马路。"同时，严禁地主售地给洋商。1904年11月，工部局派工程师至法华镇，经由程家桥、高家湾等地进行勘察，并一路设立标杆，直到青浦县境内的七宝镇一带，准备开筑上海至佘山的道路。上海道袁树勋照会霍必兰，要求停工，霍必兰拒绝。袁树勋再次照会，告知已饬令地方官将标杆拔去，并速令停工。外方目的虽然没有全部达到，但在上海县境内，公共租界工部局还是筑成了一条从程家桥到上海县与青浦县交界处的煤屑路，称之为佘山路二段。[①] 1905年5月16日，工部局再次派人到青浦县境内钉立石桩，企图开筑佘山公路，袁树勋即照会领袖领事德国总领事克纳贝（W.Knappe），请即停工。克纳贝又派德领事馆翻译兼公共租界会审公廨德国陪审官麦令豪（Merkinghaus.P）赴青浦县与县令田宝荣商洽，田宝荣亦予拒绝。克纳贝直接与青浦县令田宝荣交涉不成后，即于6月26日到南京直接找两江总督周馥，也未得要领。青浦县令田宝荣为制止地主售地于西人，拟定买卖产业应用官契，以为控制。上海道台袁树勋认为，虽经一再阻止，工部局仍不肯服从，恐失"彼此和好之谊"，经周馥同意，偿还工部局购地银七千两，将青浦县内曾被工部局征购、已成路形的土地收归自办。

---

① 沈孟晴：《越界筑路与上海近代城市变迁（1862-1925）》，上海：上海社会科学院，2009年硕士论文，第27页。

与此同时，公共租界与七宝镇当地的不法人士勾结，贱卖了大批农民的土地。群情激奋下，七宝镇有识士绅杨光霖号召当地乡民将租界当局所立的界碑等一并拔除，以示抗议。为镇压冲突，租界当局竟然派兵恫吓并对杨光霖软硬并施，但在七宝镇乡民的坚持之下，工部局不得不放弃佘山公路筑路计划，但仍购地越界修筑忆定盘路（1905 年修筑，今江苏路），又越界修筑康脑脱路（1906 年修筑，今康定路）。

进入民国，《申报》《新闻报》《民国日报》《时事新报》等报常报道租界越界筑路的消息，呼吁市民密切注意殖民者蚕食我土地的动态。上海各界人民积极地行动起来，各团体纷纷通电北京政府、江苏省政府或淞沪商埠督办公署，强烈要求采取措施维护主权。上海留日学会、商帮协会、中等以上各学校教职员联合会、沪南公团联合会、留欧同志会，林荫路商团等六公团在一份给外交部的急电中，激烈地指出："大好国土，受入侵越，租界扩充无形，主权损失益巨。是而可忍，孰不可忍。用特专电上陈，乞一面向外团严重抗议，一面饬驻沪陈交涉员暨常警厅长速行交涉制止……失此不争，势必至上海尽变租界。"苏民自决会、常州旅沪工商乡谊会、平民自治会等团体在沪西曹家渡专门成立了一个"国民保土会"，以抵制帝国主义者的越界侵占土地和筑路活动。南市的学生还组织起少年宣讲团，开上街头进行制止越界筑路的宣传和动员。1925 年 5 月 24 日，正逢星期日，少年宣讲团成员乘坐汽车来到沪西越界筑路区内，在一空场上公开宣讲越界筑路造成的种种危害，以及大众抵制越界筑路应该采取的办法。少年宣讲团还化妆演出了《地皮虫》，讽刺抨击租界当局的强盗行径。这一天听讲者约 2000 多人，会场"均为动容，掌声如雷"。[①]

① 上海市长宁区人民政府编：《长宁区地名志》，上海：学林出版社，1998 年，第 274 页。

沪西的越界筑路是在乡野中进行的。租界在筑路过程中毁农田、填河流、平坟墓、拆民房等，这不仅影响了原来居民的平静生活，而且直接破坏了当地的农田建设和水利布局，因此地方乡、市、保、图的主持者，地方团体和绅商、乡民不断地呈文县署及中央政府呼吁制止西人势力的渗入境内。许多地方的居民还和租界当局发生了不同程度的直接冲突。

蒲淞市议会议员潘祖勋、县立高等小学校教员金世苞为了抵制租界当局的侵占，在自己的土地上围起了篱笆，租界当局派人前来偷偷拆除，潘、金随拆随修。这样经历数次以后，两人忍无可忍，挑来数担大粪泼洒于自己田上，并雇工守视，对前来筑路的人直言声明，如再来捣乱，定以抛掷臭粪相待。又如法华乡徐家宅乡民徐德良、张家宅乡民张琴香在自己土地被强圈入筑路区域后，拒绝交出田契和收受工部局送来的田价，并自请律师与工部局进行交涉，坚决表示自己"在法律上对于该地之所有权，至今完全无缺。随时有向工部局请求回复原状，追偿损失之权"。[①] 1925年5月30日，"五卅"运动爆发。这场反帝爱国运动中，上海人民将矛头直接指向租界当局的罪恶统治，提出了明确的反帝目标，在上海各界人民的联合组织上海工商学联合会发出的解决"五卅"血案的上海工商学联合会宣言中，第九条即为"制止越界筑路。工部局不得越租界范围外，建筑马路，其已筑成者，由中国政府无条件收回管理"。[②] 在汹涌澎湃的反帝浪潮的冲击下，上海租界当局的越界筑路活动不得不中止。它在界外大规模的扩张从此被遏制。公共租界界址以西的这些界外道路没有纳入租界的范围，但伴随着道路的展筑所形成的半租界区域，就是后来有"上海歹土"之称的沪西越界筑路区。

① 上海市长宁区人民政府编：《长宁区地名志》，上海：学林出版社，1998年，第274页。
② 上海市档案馆编：《五卅运动》《上海档案史料丛编第一辑》，上海：上海人民出版社，1991年，第31页。

城市的记忆：

城建档案中的虹桥路（1901–1949）

虹　　　　桥　　　　路

第二章

虹桥路沿线风貌概述

（1901—1949）

虹桥路沿线曾经是上海城市发展历史上的顶级别墅区，地位特殊，按伍江等主编的《历史文化风貌区保护规划编制与管理》一书中所言，“在虹桥路风貌区中，物质环境的城市化过程有明显的阶段性和清晰的特征，从最初的传统自然乡村，到西方人的周末乡村别墅区，再到民国时期，大量兴建豪华花园住宅群，成为中外富绅与军政显贵周末度假别墅区，形成该区鲜明的乡村别墅式风貌特征。”[①] 在今人眼中，虹桥路无疑体现了上世纪初乡村别墅的经典，但将目光回到 1949 年之前，虹桥路作为越界筑路区的典型代表，其沿线风貌无不体现了当时的社会经济发展变化。

一、虹桥路沿线的社会经济文化

自越界筑路进行后不久，越界筑路地区的工商业开始兴起，并受租界的影响，引入了西方近代的市政，在这一过程中，越界筑路地区的社会也开始成型。由于华洋杂处，中西共存，越界筑路地区社会空间的文化异质性明显。中外文化、工商文化、殖民主义，乃至红色文化，均在这里交融、碰撞，越界筑路以其特殊性为我们提供了一个探视上海近代社会文化的窗口。

① 伍江、王林主编：《历史文化风貌区保护规划编制与管理》，上海：同济大学出版社，2007 年，第 169 页。

同时，由于区域定位和社会组织的不同，越界筑路地区各个区域间也出现了明显的分异，产生了截然不同的社会感知，静安寺和霞飞路地区成为了上海重要的商业街区；杨树浦、曹家渡、小沙渡地区则形成了沪北和沪西的工业中心，成为了上海工业发展的“双翼”；北四川路、徐家汇、罗别根系统则也各有特点。这 3 个具有不同文化特性的区域也以独特的方式与租界相联系。

在越界筑路的过程中，有一些越界筑路地区的地主对于筑路的进程是持欢迎态度的。“越界筑路所经土地的地主，不反对帝国主义者的这一项侵略，愿意前往工部局所领地价，把土地卖给工部局作为修筑越界筑路之用；因为一经筑路，他们在马路两旁的地皮就立刻涨价，他们也就可以发一次财”。[①] 这在 1906 年七宝筑路事件中即可见一斑。

在租界当局打算修筑沪佘公路前，便有人冒充七宝当地的乡绅具状英国驻沪领事，表示他们绝不会妨碍此次筑路。因此，一方面租界当局以已经获得了当地居民同意为由积极准备筑路的事宜，另一方面这些人则利用此次机会大量低价购买七宝当地沿线的民田，准备待到筑路成功后再高价售出收取渔利。后来筑路的内情被揭发，声势浩大的七宝镇抗议筑路事件爆发，原本的越界筑路计划随即泡汤，这几位的“如意算盘”也没能打成。毫无疑问，越界筑路地区社会对于越界筑路的“迎”主要还是因为在越界筑路后，这些道路沿线的地产开发开始加速，随着地价的飞涨，这些地主可以从土地差价中牟取暴利，还有许多地产经理在获知租界下一步的筑路计划后，便勾结起了当地的地主和掮客，抢先在沿线购进土地。

当地社会对于越界筑路的“迎”还有经济利益之外的因素，由于越界筑路对当地的市容会起到巨大改善，原本对生活环境不甚满意的沿线居民自然会因此对越界筑路表示欢迎。在当时人所写的独幕剧本《越界筑路》中的一个角色是这样思考越界筑路对当地影响的：

---

① 陈炎林著：《上海地产大全》，上海地产研究所，1933 年，第 56 页。

“（在越界筑路开展以前——引者注）这里是路吗？！是高低不平的，到处都是垃圾，假如你要迎着风走呵，就会有一阵阵的臭味，随风送到你鼻管里来，下起雨来呢，就凸的地方成呢，走起路来末，可以一脚陷一个大洞，凹的地方积水数尺，可以养鱼，遍处都是坟墓，（中略——引者注）（越界筑路以后——引者注）到了第四天就有许多小车子来把高地方的垃圾，推到低的地方去，我就问他们是那（哪——引者注）一个叫他推的，他说：是耶苏（稣——引者注）教堂里的外国人叫他推的，我想外国人是好，会出钱叫人把路修好，我们中国人连阴沟塞了都不会去通，真是糟糕！不久又铺泥路，埋水管，栽树木，统统不过半个月的工夫，就把这条路弄得一坦平原，看到现在树木亦长成了，车辆往来的也多了，我常常在想，外国人真不错！本领亦大！一段又坏又雄凝的路，不晓得怎样给他一变，就会变成一条又好又干净的大马路。”①

可见，越界筑路也改善了当地居民的出行条件和生活环境，这也是部分当地居民欢迎越界筑路的原因所在。

虹桥路沿线是以 1901 年修筑的虹桥路和 1925 年修筑的庇亚士路（今北翟路）为核心，构建起的公共租界“罗别根路系统”。该系统是公共租界为联系西郊而修筑的，公共租界计划用这一系统将上海的西郊划归到自己的管辖范围。公共租界还计划将这些道路延伸到更远的佘山地区，至 1925 年越界筑路停止之时这个远期的计划也没有完全实现。

在越界筑路以前，上海西郊是一片乡村田园风光，新泾港的众多分支让这里水网密布，由于远离市中心的喧嚣，这里便成为了西人野趣游憩和纸猎赛马等活动的场所。为方便西人来此观光，公共租界还专门开辟了一条从静安寺出发，沿着静安寺路（今南京西路）、极司菲尔路（今万航渡路）、白利南路（今长宁路）、罗别根路（今哈密路）直达西郊，再由虹桥路折回的郊游路线。西人也利用起了沪郊土地宽广、地价低廉、水网密布的环境优势开展起了高尔夫的运动，并在虹桥乡成立起了专供西人和上

---

①《独幕剧本：越界筑路底一幕》，《道路月刊》，1929 年第 27 卷第 1 期，第 50-54 页。

流阶层使用的虹桥高尔夫俱乐部。1936 年为了方便西人前往西郊打高尔夫，英商中国公共汽车公司还专门开辟了一条快线由外滩直达虹桥的高尔夫俱乐部。

远离市中心的西郊因其田园风光，也吸引了人来此营建花园洋房和乡村别墅，20 世纪 30 年代初，英籍富商犹太人沙逊便购进了高尔夫俱乐部附近的两块土地建起了两座英国乡村别墅建筑，后人称其为“沙逊别墅”和“罗别根花园”，这处别墅拥有草坪、马厩和鲜花园，沙逊经常来此度假、打高尔夫并宴请商界人士。除此之外，远离市区的这片区域也因其新鲜空气成为沪上名流疗养的好去处，基督教上海卫生疗养院、虹桥疗养院等近代上海著名的医疗疗养机构，即位于虹桥路及其沿线。

可以说，随着越界筑路，虹桥路沿线因为清新的环境和贴近自然的郊野风光成为西人富商和社会名流郊野游憩的场所，这种感知在当时上海其他区域是很少能够见得到的。[①]

总的来说，虹桥路地区作为既非租界所有、也非华界所完全控制的特殊空间和夹在城乡之间的边缘地带，成为了多元文化交融、碰撞的场所。这里有多元文化的交织与交融，越界筑路带动的城市化进程，让工、商、农都可以在这片区域内获得发展机遇，红色文化能够利用城市的缝隙效应，在殖民主义推动的越界筑路地区中迸发、生长。这里有异质文化的碰撞与冲突，关于何为道路的不同解释及道路命名的文化分异体现出的是中西文化的不同。但是也正是在多元、异质文化的交织下，虹桥路沿线的风貌才会如此精彩。

---

① 崔正秋：《越界筑路与近代上海社会变革》，上海社会科学院，2020 年硕士论文，第 50 页。

二、虹桥路及其支路筑路技术的演变

在越界筑路开展以前，西区虽然已经存在了一些田耕道路或乡间泥路，但是这些道路既不平整，也不宽阔，一遇到雨天则积水难排。越界筑路的过程中，租界当局或利用原有的道路进行整平或拓宽，或新辟道路，或填浜筑路，大大改善了该地区的出行条件，为这些地区的开发创造了有利条件。

（一）筑路技术

道路材质方面，租界当局一改之前道路的泥泞原状，改用碎石、沥青等浇筑路面：由于初期越界筑路的主要目的是为了运输军火，而当时镇压太平天国运动的淮军常用一种独轮车来运输辎重，这种独轮车由于负载很重，普通的泥路无法承受，因而最先的越界筑路便是以碎石为路面材料的。后来随着技术的改进和碎石机械的引入，筑路的速度越来越快，路面也用上了混凝土、沥青、柏油等材料。

排水系统方面，租界在所筑道路下铺设自来水管。1869 年《土地章程》中规定："公共租界内住户凡欲造房、开沟，其基地之下如有工部局管辖的大小各沟，必须由工部局发给许可证，方可在沟面上造房砌沟。凡未经工部局许可，擅自接通工部局管辖的一切地沟的，将受处罚。另处于毗邻或靠近任何街道的每幢住房或建筑物，必须安装一根落水管。"①

① 王铁崖编：《中外旧约章汇编》（第一册），北京：三联书店，1957 年，第 300 页。

上海市城市建设档案馆馆藏档案也显示，20 世纪 20 年代末，包括虹桥路沪杭甬铁路以东路段、新华路外国弄堂等处都已经有成型的排水管网。这类完善的基础配套工程，无论是对于在此居住，还是开设工厂、学校等机构来说，都能提供巨大的帮助，也直接促进了这一路段、区域的繁荣。

英国人在城市规划、建设方面所积累的一些技术经验，使上海租界的洋商有意识、有能力通过筑造马路、修建管道化排水系统、配备新型消防设施、创办自来水等手段，取代传统的河浜功能，这是租界城市空间扩展中传统塘路系统快速向城市道路系统转化的技术前提。将原来乡村地区以自然河洪为主的排水系统改造成人工化为主的排水系统，较为麻烦，因为这牵涉对自然地势和潮汐的合理利用，要保证潮汐涨落对下水道形成冲刷，才能将其中的污水、污物排走。

开埠初期，工部局尚未成立，地产商个人在修路筑沟方面自主权较大，他们把原来的河派沟渠填平变成土地，顺便在原来的地基上埋设陶制的排水管道（后来华人习称为“瓦筒”）以代替河洪的排水作用。这样既可拓宽马路，又可改善卫生。他们并不需要这些小河沂提供饮用水，因为不远处的黄浦江已足敷使用。在没有河浜的地方，则开挖明沟或者暗沟，与主干排水管道连接起来。但早期由于管理机构未得健全，业主各自为政，使界内排水管道难以形成统一的体系。[①] 19 世纪 60 年代，工部局逐渐采取措施，改变早期地产业主在建造排水系统时各自为政的做法。1863 年 9 月 4 日工部局会议决定：所有支管与主干排水管道的连接工程，必须由工部局承担施工，费用由受益业主负担。施工时，应在人行道上预留检查孔，通往主干排水道，以便检修。[②]

西方市政建设方面的新技术，也是近代上海城市空间构建机制的重要组成部分。没有这些技术条件作为前提，也就没有城市道路系统的形成和城市空间的逐步扩展。

---

① 上海档案馆藏档案，“1870 年租界排水的方案”，U1-1-1072。
② 同上。

（二）填浜筑路

传统的江南地区农田形态是以塘路结构为主体的，近代上海开埠以后租界的城市空间扩展首先遇到的就是如何开辟道路方便交通的问题。受到“公地公用”观念的制约，租界执政部门一般不希望去破坏土地永租权人划定的地产形态，加上从经济角度上考虑，直接在河浜系统中填浜筑路是最有效的手段。①

在传统的上海乡村，人们利用河道来进行农业排灌，生活用水也依赖河浜，较大的河浜还用于运输和交通。圩田之内则遍布支浜沟渠，是最为基本的农田水利设施。在传统城市，河道用途则有所区别。传统老城厢地区的河道，主要具有交通运输、排除雨污水、为居民提供饮用水、生活用水、灭火用水等多种功能。每日两次潮汐涨落，可使水质得到更新，居民一般在涨潮时汲取河浜之水，用以饮食。不过大户人家的宅院或公共社区往往也有水井，可免去远道汲水的麻烦，但涨潮时到城外黄浦江中挑水已为沪城居民的一种习惯。退潮时，排入河内的污物被水流冲走，河流水质通过潮汐涨落可基本保持净化。

租界地产商需要的是整洁划一、便于从事商贸和居住的城市环境，他们需要清洁的生活用水、更为便利的灭火水源和卫生的排水系统，最重要的是，他们需要平坦高亢的大块城市建设用地。为了达到这些目的，上海英租界的地产商采用同时期英国城市推行的市政技术，往往是这些技术刚刚在英国城市中得到采纳，时隔不久便会在上海租界开始实施。

① 吴俊范：《近代上海城市道路系统演变与环境 1843-1949》，复旦大学，2008 年博士论文，第 32 页。

租界对农田形态塘路系统的利用和改造，仍然受到传统“公地公用”观念的制约，但在划定的租界线以内，这种传统观念的作用退居次要地位。租界市政部门与地产商通过填浜筑路的形式，在传统塘路系统的公有性与城市道路系统的商业性之间达成了暂时的协调。

从经济角度来讲，直接在塘路系统的基础上构筑城市马路，即填浜筑路，对地产商来说是非常划算的。其一，符合中国政府对公地严格控制的传统，减少了塘路利用转型中的产权纠葛；其二，“沿浜有路、沿路有浜”的特殊结构便于用来开筑马路，将小路稍加整修，即可用作简易马路，财力充足时，再填平河浜将马路拓宽，这兼顾了地产开发与资本积累的渐进过程；其三，作为地产边界的公浜、公路，一经整修，就可使沿浜路的所有地产业主受益，费用则由大家均摊，这就意味着每人可用最少的投资享受最大的收益；其四，将潮汐不畅的小河浜填没，有助于改善地产开发环境。

由于界外马路是在其他市政设施远未成熟的城市边缘区或外围乡村地区修筑，因而既缺乏全局上的统一规划，也缺乏施工上的技术规范。在跨越河流时，为了省钱省工，较少在河上建造桥梁，而一般是将马路跨度下的一段河道填没，中间仅埋设排水瓦筒以供潮汐通过。1904 年租界在延伸最长的界外马路——虹桥路时，对当地华人强烈要求增筑跨浜桥梁的事深感为难，认为“这大大增加了筑路的总支出”，宁可增加填河排管的路段。①

这里需要指出的是，随着虹桥路在西区整个道路网络中的价值不断被认识，工部局对沿线桥涵工程建设的态度，总体来说是愈发重视的。上海市城市建设档案馆馆藏的一张反映 1938-1939 年期间桥涵修缮施工情况的地图即显示，仅这一阶段，工部局对罗别根系统为主的西区越界筑路地区的桥涵修缮工程项目就有近 50 处，而虹桥路沿线则是其中重点区域。

① 上海档案馆藏档案，“关于虹桥路的扩建”，U1-14-4893。

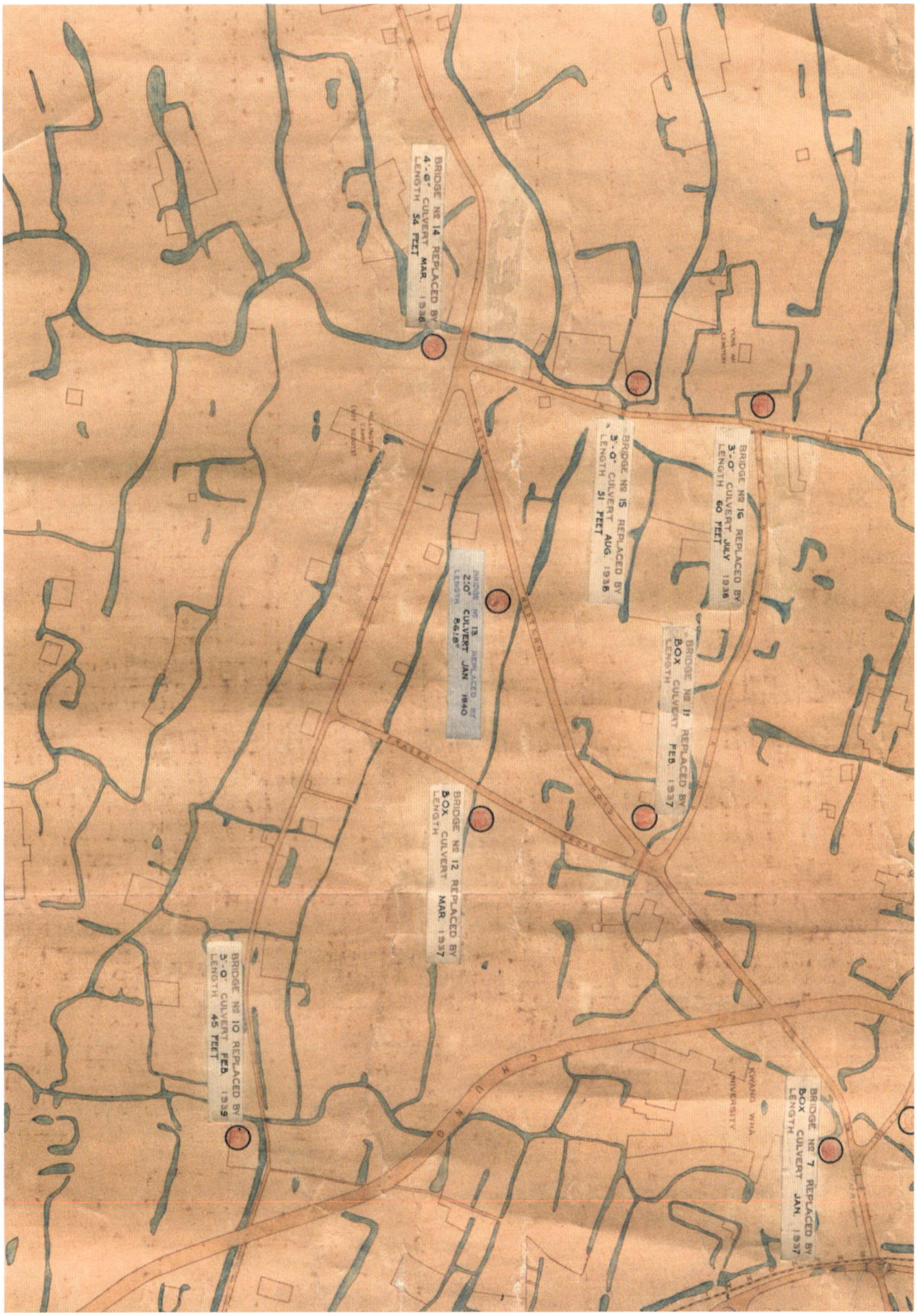

1938–1939 年虹桥路沿线部分区域桥涵修缮施工情况

【来源◎上海市城市建设档案馆馆藏】

上海县境西部的法华乡，是租界历次越界筑路影响较大的区域，民国《法华乡志》如实记载该区干河西芦浦的状况：

“西芦浦，即古芦子浦，俗称溇浦，与东芦浦为南北浅泻之干河。……上筑马路，如星加坡路、康脑脱路、极司非尔路、愚园路、长洪路、海格路、福开森路、霞飞路、徐家汇路，下排瓦筒，仅通水线而已。其西南一支流出芦浦桥，合龙华港达浦，今已淤塞。北出肇嘉浜久被填断。”①

租界城市空间的扩展，以马路网络为骨架，分为两个层面。第一层面为城市土地的有序开发，即农地向城市用地转化的范围，主要限定在中国官方划定的租界区内。另一层面为非常态机制下城市空间的无序蔓延，即城市化的土地利用方式越过租界线的限制，向周边的农田区长驱直入。而上海地区河浜产权颇为复杂。在所见的道契资料中，有些河浜属于契内地产，有些则不入契，如德册 303，“该地西首半浜，南首并中段各阔八尺，北首阔 10 尺，系契内之地”，而法册 386，“北面有巨籁达路一条又三七图界浜，西东阔十六 / 四尺，又七图内又浜一条阔十二尺，均不入契内”。有些河浜以“全浜”相称，有些则以“半浜”相称，如英册 5320，“该地中间有东西水浜一条，东首半浜计阔 6 尺，西段全浜阔 12 尺，系属契内之地，请于契内批明不得阻塞”。出现这一现象的原因主要跟河浜的产权有关。②在这样的区域内，市政力量不能正常发挥作用，城乡两种土地利用方式处于对峙的局面，矛盾时有激化。

① 民国《法华乡志》卷二，《水利》。

② 牟振宇：《近代上海法租界城市化空间过程研究（1849-1930）》，复旦大学，2010 年博士论文，第 84 页。

三、沿线支路系统的形成——罗别根系统

为阻挡太平军及“保卫”租界，西人通过与清政府的交涉后，于1862年2月成立了上海中外会防局。辟筑军路“以便兵丁炮车往来保卫”成了该局的首议之事。1862年前后修筑的界外道路包括英界徐家汇路、新闸路、麦根路、赫德路、极司非而路、静安寺路、吴淞路、法界徐家汇路等。

1899年，公共租界当局屡次向中国政府提出扩展租界的要求，均未获得成功。但越界筑路却始终没有停止过。1901年工部局提出了一些界外道路计划，由徐家汇筑新路通向北新泾，再转向东筑至极司非而路，最后形成一个环路的形式（A Loop to Jessfield ），以及为此修筑宽阔的联系性道路（Cross Roads）。1901年底总共21公里的3条道路已筑成。这些道路得名“罗别根道路体系”(Rubicon Roads System)，与已筑成的戈登路、新闸路、静安寺路、英徐家汇路构成一个完整的郊外环路。

1901年2月，经过磋商沟通，上海道台袁树勋同意了工部局将徐家汇路延长到上海县境内的修筑计划，工部局即在上海县境内越界修筑了从徐家汇到程家桥的虹桥路（但同年又将虹桥路向西延长，从程家桥延长至今新机场新门，名为佘山路）、从程家桥起折北到苏州河的罗别根路和从罗别根路北端向东的白利南路（今长宁路）共3条马路，此3条马路构成了公共租界最大的越界筑路区域被称为罗别根系统（Rubicon road system）。当时共买地300余亩，付地价1.6万余两。初筑之时，道路仅为泥土路面，未曾铺筑，后有部分路面覆以煤屑，还包含了大量临时桥梁以供行人和马匹通行，后来被永久的桥梁和排水系统所取代。据《上海公共租界史稿》中“上海公共居留地越界筑路之调查表”记载，这3条道路的长度分别为虹桥路——35000英尺，罗别根路——14000英尺，白利南

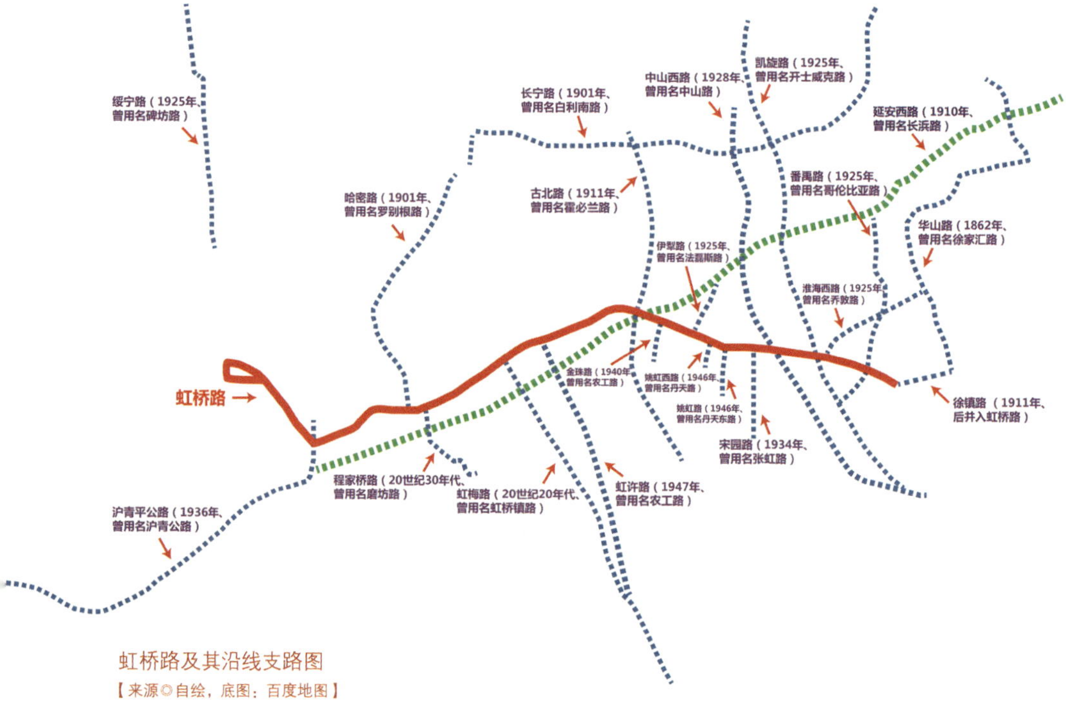

虹桥路及其沿线支路图
【来源◎自绘，底图：百度地图】

路——18350 英尺，其道路宽度从 40 英尺到 50 英尺不等。[①]

罗别根系统一词最早出自《北华捷报及最高法庭与领事馆杂志》(North China Herald and Supreme Court & Consular Gazette)。在 1901 年 12 月 11 号关于“界外道路（outside roads）”的报道中，提出了“Rubicon road system”这个概念。这份报道中说到“罗别根系统沿线的土地购买已经在策划当中”。[②] 罗别根系统中的“罗别根”源自 1901 年西区越界筑路的 3 条道路——虹桥路、罗别根路和白利南路中的罗别根路，所以罗别根系统名称由来其实亦是罗别根路路名考。

罗别根（Rubicon）是意大利中北部的一条河流，在世界古代史分册里被称为“卢比孔河”。公元前 49 年，盖乌斯·尤利乌斯·恺撒在卢比

① 徐公肃，丘瑾璋著：上海公共租界制度，上海公共租界史稿，上海史资料丛刊，上海：上海人民出版社，1980 年，第 96-97 页。

②《North China Herald and Supreme Court & Consular Gazette》，1901 年 12 月 11 日。

孔河边面临一场“赌博”。根据罗马法律规定只有执政官和裁判官才能在卢比孔河以南的意大利本土指挥军队，除此之外任何人带领军队跨过即意味着造反。因此渡河不仅仅是进入意大利，而是宣战，是对整个罗马制度的宣战。最终凯撒说出了那句著名的话“Alea iacta est/The die is cast”（木已成舟），毅然指挥军团渡河，进而占领罗马。因此“Crossing the Rubicon”也成了西方一句经典的谚语，意为破釜沉舟。

而罗别根路南起虹桥路的程家桥地区，北至苏州河南岸的北新泾镇，贯穿原属上海县的新泾镇，在历史上有很长一段时间是上海西区重要的南北向通道。这条沪西越界筑路的界外道路，又是如何与意大利的河流扯上关系的呢？

据传，外侨常在虹桥路上进行纸猎赛马，他们以程家桥新泾港为终点，决定比赛的胜负。当时比赛者比拟古罗马凯撒与庞贝决战于罗别根河，戏称新泾港为罗别根港。这条沿新泾港的越界筑路，因此被称为罗别根路。

传闻虽有臆想的因素，但亦有其正确的一面。“罗别根”一词作为上海的地名最早可以追溯到1891年的一张地图——“The Shanghai Sporting Map（上海运动地图）”。此图为“A history of the Shanghai Paper Hunt Club（上海纸猎赛马俱乐部史）”一书的附图。这是一幅为赛马打猎、猎水獭、猎灌、“犬兔”越野追逐、陷阱逃生，以及志愿军战斗演习设计的地图。图的主要覆盖范围为苏州河及徐家汇河之间的乡野郊外一带。在图中可以明确地看到，图的最上方，方位上的最西边，有一条河，名称为“wb Rubicon”。对于这张图，这本书有一份详细的介绍，现摘译有关罗别根的部分如下：

我已经为60个地方起了名字，尽可能表达出他们的特点，比如“多多跳跃”“铁架桥”“飒飒杉木”“向西河”“罗别根”“光树干树”“花岗岩路”“捷径”“短距离跑平地”“补锅匠的乐趣”和“优势之角”。

这段文字说明了“wb”为“west boundary（西界）”的缩写。在当时纸猎赛马的外国人眼中，新泾港已经是当时虹桥地区，抑或上海西郊之边界，所以他们在图中将新泾港作为乡村西边的界河。而更加正式的记载，出现在 1901 年 12 月 24 号的《北华捷报及最高法庭与领事馆杂志》中。北华捷报在介绍越界筑路时，写到“We come to a large creek，known to riding men as the Rubicon，to the Chinese as Singchingkong”，这段报道印证了“Rubicon”一词的确来源于当时赛马的外国人，罗别根河也正是新泾港在外国人口中的称呼。

综上所述，罗别根系统是由组成此道路系统的 3 条道路当中的罗别根路所命名，而罗别根路又是因为其沿新泾港即罗别根河所筑而得名。

罗别根系统的组成在系统名称由来中已经有所提及，北华捷报在 1901 年和 1902 年的几份报道中，“罗别根系统”和“白利南路、罗别根路及虹桥路”两种称呼交替出现。1902 年 4 月 2 日和同年 6 月 4 日关于界外道路排水系统拓宽一事的两次不同报道，先后使用了“罗别根系统”和“白利南路、罗别根路及虹桥路”两种称呼，可知“罗别根系统”确实是指虹桥路、罗别根路及白利南路这 3 条马路所组成的道路系统。

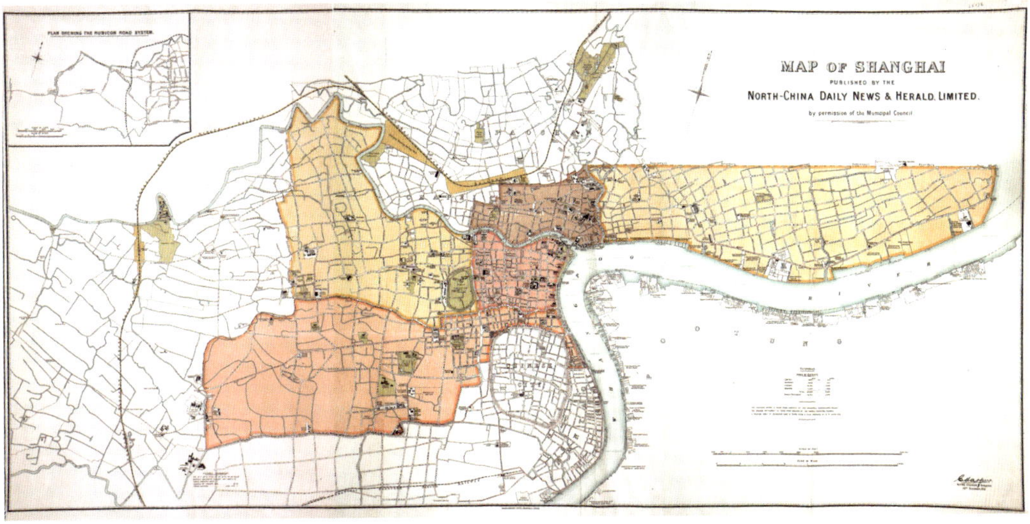

Map of Shanghai
【来源◎美国国会图书馆】

美国国会图书馆藏有一张 1918 年的上海地图——“Map of Shanghai”，由北华捷报获得工部局批准出版。此图的左上角，有一幅插图名为“PLAN SHEWING THE RUBICON ROAD SYSTEM”，即“罗别根道路系统平面图”。此图有更早期 1913 年版本，然而原图于一次拍卖中以 20000 英镑被匿名买家买走，从当时拍卖手册的简介中得知，1913 年版本中左上角亦有“罗别根道路系统平面图”。上述地图图注中表明地图中有关西区的绘图资料均来源于“R. W. SHAW”。公共租界在 1900 年以后一直企图再次扩展租界范围，但始终未能成功。工部局建造罗别根系统这种环形系统的马路，就像下围棋一样，先围好地盘，目的还是再度扩充租界。1924 年江浙军阀混战，战火延及上海郊区，工部局以保护租界安全为由，在罗别根系统的基础上新筑了牌坊路（今绥宁路）等 10 余条马路。据 1949 年《上海房地产志》的统计，界外筑路总面积为 7923 英亩，其中沪宁甬铁路线与罗别根路间的面积 2880 英亩，罗别根路与牌坊路间的面积 2477 英亩。罗别根系统及其后续发展所圈定的土地，构成了沪西越界筑路区，其面积之和为 5357 英亩，与公共租界的总面积 5583 英亩相差不远。

四、虹桥路道路发展与风貌形成

城市的空间增长是建筑、公共空间、人类活动相互作用、相互影响的产物，而人类的意志却是城市化最重要的驱动力，科斯托夫指出，“人类的意志和人类的愿望才是城市产生的动因”。[①] 以波士顿为例，其城市化主要由两类人主导，“一类是急需新的空间来容纳新的经济行为的商人，商人处于整个制造、运输、金融的网络中心；另一类则是投资于土地、建筑和交通的人，他们在都市的成长过程中牟利。城市的转换过程是由其增长和土地使用的分化所构成的，经过了资本的转换与分配，并又无奈地避开了地形的限制，避开已经开发过的用地，避开了有象征意义的圣地，而且总是相互竞争着对空间的控制权”。[②]

虹桥路沿线风貌的形成与波士顿的城市空间变化颇为相似，其主要驱动力来自两方面：首先是房地产业的驱动，“房地产业的兴起和发展成了近代上海城市建设的一个重要基础”；[③] 其次是交通的驱动，交通是实现空间拓展的最主要途径，二者相互作用、相互依存不可分割。

据文献记载：“中国人涌入租界产生的后果是：迫使外国人，特别是那些低收入的外国人，每年寻找远离闹市中心的住所，而闹市中心现在已为中国人独占。”[④]

① [美]斯皮罗·科斯托夫著，单皓译：《城市的形成—历史进程中的城市模式和城市意义》，北京：中国建筑工业出版社，2005 年，第 53 页。

② [美]凯文·林奇（Lynch, Kevin）著，林庆怡、陈朝晖、邓华译：《城市形态》，北京：华夏出版社，2001 年，第 19 页。

③ 张仲礼：《近代上海城市研究》，上海：上海人民出版社，1990 年，第 436 页。

④ 徐雪筠译编：《上海近代社会发展概况（1882-1931）》，上海：上海社会科学院出版社，1985 年，第 21 页。

1919 年 10 月 18 日，时人在《申报》中对上海住房问题写了《西报论外人居住问题》的评论，认为造成房价、房租昂贵有诸多方面原因：第一地价奇昂，第二材料飞涨，第三人工日贵。后两种原因均好解决，唯前一种原因，只有郊区的或者更远的地区，方可购置低价的土地。具体内容现摘录如下：

“房租昂贵之原因，厥有数端，一原因英国区域不大之商埠，一般入项较丰者，大半皆住家郊外，逐日乘车来镇。若上海照此办理则有资产者当移居吴淞等处腾出上海房屋以便入项少者入住，如是租金不致过贵，而房屋亦不致缺乏，但此间情形与英国不同，断难照办，不过讬诸空言耳。房租昂贵不仅因供求不相应，合之故住宅不多，固可使租金涨起，然尚有其他要素焉。第一地价奇吊，第二材料飞涨，第三人工日贵，以上三层即房租涨高、住房缺失之由来。

以常情言房租规定，未可逾越一定范围，否则无人过问。今之房租在入项少者已嫌其大，而在屋主则谓利息微薄，以其成本计之所得仅比百分之五耳。五厘利息，若在英国，屋主当可满意，但此间不然，投资事业之得厚于此者，举目皆是。故投资家殊不照顾此情形。添置房屋也说者谓地籍既贵，何不在西段购地起筑若干层之高屋，取租从廉，以备入项小者据居住。按此法英国行之而能获利，上海前曾有人创议及此，但未实行，盖高楼住家不为众所欢迎且层楼高屋建筑须坚，其租金未必能较现在房屋为便宜也。至于建筑廉价房屋，前已有人实行之，但亦不能如在英国之有效果，其故以此间气候不利于此种建筑，时当修葺成本，亦未必轻也。统察上述情形，房屋将来能否减价，全视材料与地基贵贱，而定材料价格佚，实业复原后或有跌落之望第，在目前亦尚有减费之法其道在绘，就详细图说，将起造房屋内部分，如宪门等在他处定作依照定式一律造成后，运至上海，如是则成本可望大减，再建筑工会曾不宜由华人承揽者，辗转包工宜以外人最新式方法为之此，亦可减轻成本之一法也。

减轻造价之筏已略述于上节，其次则为觅购便宜地基，汇山路与杨树浦路，现已无贱地可得，故宜注目于西段，其地有俱乐部等公共场所，故辟为住宅区域，无论贫富，皆极相宜。静安寺路从前人皆视为太远者，今已不然，觅地者，至少今将行过极斯菲而路，而华伦路，盖其处尚有隙地可得也。”[①]

在郊区建造房屋作为解决住房问题的一种有效方法，但同时也拉长了居住与工作的距离。据文献记载，电车出现之前，由于“住宅之增造者日多，而其距离商业中心点亦日远”，尽管“财力较厚者，多自备有马车，而中户以下亦可租人力车以代步”，因利用这些传统的交通工具而导致的“光阴与金钱之耗费”，使人们越来越渴望现代电车的早日行驶，“其为需要，至是乃显呈于一般人之方寸焉”。[②] 20世纪二三十年代随着工作时间制度在上海各行业较为普遍地实行，职工们日常上下班，除了住在工作地的人之外，“稍远地固然可以步行，较远的因为时间的关系，就不得不乘电车及公共汽车”。[③]

房产业的发展与道路交通的开发是紧密联系在一起的，房地产业向郊区发展，最主要的实现途径是交通的发展，尤其是虹桥路沿线，以花园住宅为主的高档住宅区的形成与交通路线的开拓是分不开的。交通路线的开拓，缩短了居住地与工作地之间的通勤时间，为居住与工作的分离准备了充分条件。

早期工部局的道路计划几乎是完全被动的，地产商是道路计划的发起者，这可以在当时租界状况中找到原因：外侨社会人数不多，租界事务由少数大地产商、贸易商掌握。19世纪地产商们比工部局更了解道路需求状况、比工部局更清楚道路服务对象，更了解道路建设如何适应地产开发。当然，它们的道路计划提案没有太多技术性基础，只是自己地产的开发需求。同时，租界范围较小，一些大型开发项目对道路总体布局影响非常大。此时的工部局几乎没有道路计划指导原则，道路安排依据各块地产的要求，大部分道路沿着地产边界或蜿蜒的河洪生长，这是最易行、最节约资金的做法。道路总体网络是单个地产前道路的拼合，因而呈现破碎、不规则的

①《西报论西人居住问题》，《申报》，1919年10月18日。
② 甘作霖：《上海三电车公司之组织》，《东方杂志》，12（1）。
③ 朱邦兴等：《上海产业与上海职工》，上海：上海人民出版社，1984年，第468，591页。

特征。这一时期的道路计划特征是没有总体观念、“按需”安排道路。

20 世纪初至 20 世纪 20 年代末是工部局道路计划中的城市规划思想从无到有、经历最大发展的年代。20 世纪以后，城市问题越来越复杂，人口增多、交通量增大、城市范围拓展、机动车交通大幅增长、工业等新经济类型迅速发展，诸多原因促使工部局对道路计划采取更主动的策略：另一个重要原因则是《土地章程》第六条甲的颁布使工部局获得更大的征地权。城市发展需求和制度改革双方面的共同作用下，工部局渐渐掌握道路计划的主动，道路计划中的总体意识逐渐增强。工部局对道路的理解从初期带动乡郊地带开发、解决局部拥挤，逐渐发展到为相邻道路分流。道路建设由仅仅根据个别需要而设，发展到出现简单的相互支持关系，可视为局部体系化。

1907 年和 1917 年的两次计划方案提出道路总体网络的需要，道路分级和分类的思想逐渐完善，可视为更完全的道路体系。1907 年道路计划的构想仍然较抽象，1917 年的方案中，工程师则通过对具体干道的强调，更明确地形成了一个道路分级粗略体系，包括干道（Trunk Roads 或 Main Arterials 18-24 米）、普通道路（Roads 或 Cross Roads 12-15 米）和弄堂（Alleyway 9 米以下）。方案中也出现预见性的规划特征——对未来交通需求的预计。

而虹桥路，作为 20 世纪初辟筑，几经拓宽，于 20 世纪 20 年代基本定型的道路，其是租界道路计划中重要的组成部分。上海市城市建设档案馆馆藏的一张反映 1931 年虹桥路沿线地形现状的地图清晰呈现了这一时期虹桥路在上海西区所扮演的角色：一方面，作为东西向的主干道，虹桥路承担了从徐家汇通往虹桥机场乃至青浦方向的陆路交通任务，同时期与其平行的另两条东西向主干道分别是苏州河、蒲汇塘，这种水陆交通并存的情况，也充分反映了当时的时代发展状况。另一方面，也正是基于这种交通便捷性，西区众多重要的机构，如虹桥高尔夫球场、虹桥路苗圃、万国公墓、永安公墓等，多位于虹桥路沿线或邻近区域。

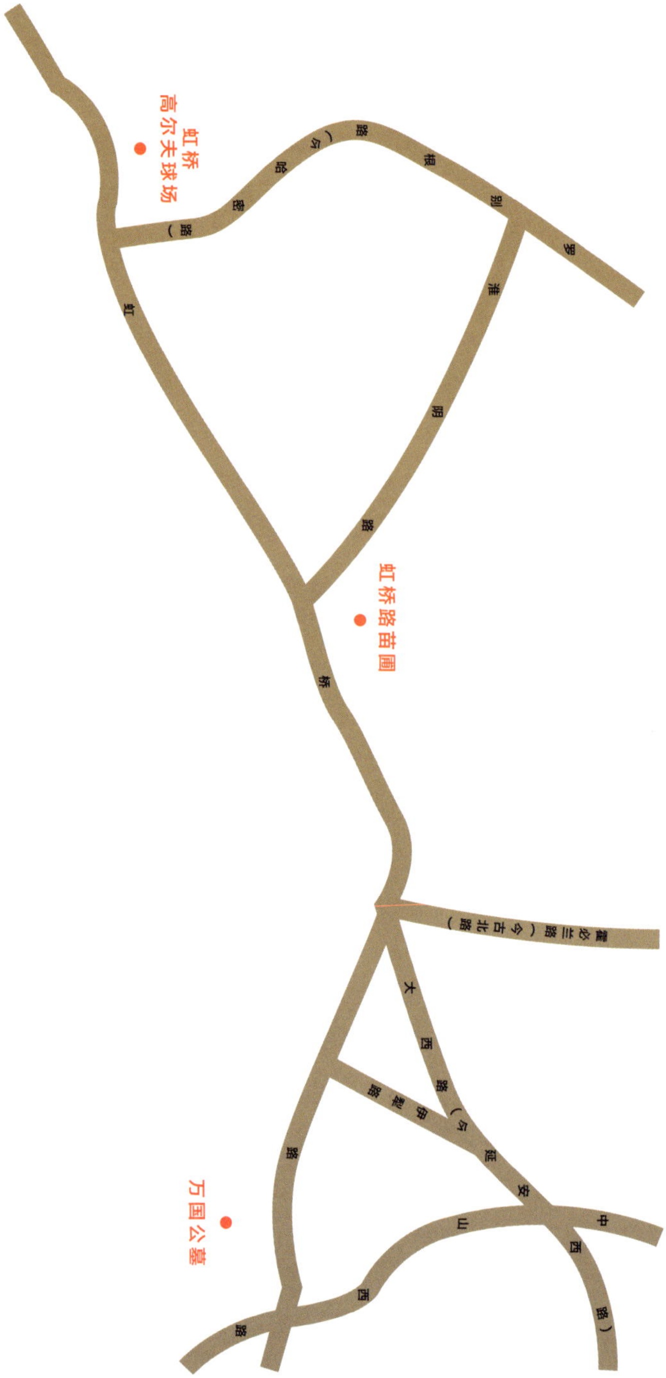

1931 年虹桥路整体走向及沿线风貌

【来源◎上海市城市建设档案馆自绘】

值得一提的是，尽管在20世纪20年代后，虹桥路沿线的路网就已基本成型，并在此后的半个多世纪中未有大的改变，但这并不意味着未曾有对其进行调整、变化的尝试。上海市城市建设档案馆馆藏一份绘制时间不晚于1937年的沪西地区道路规划地图显示，当时曾规划将定西路向南延伸，穿过今淮海西路后与虹桥路相交并继续向南。与此同时，虹桥公墓西侧也规划辟筑一条名为“永宁路”的道路。另一份汪伪政权时期绘制的道路规划图显示，当局曾计划在上海西区辟筑多条南北向干道，其中一条名为“湘潭路”的道路在今虹桥路淮海西路至番禺路段之间，与虹桥路相交，沿着这条道路往北可通至愚园路。而虹桥路本身在这份方案中也被计划进行拓宽。这些规划方案因为各种原因，最终仅仅停留在了纸面之上，但虹桥路在这个过程中被作为重点道路给予关注的事实，也证明了其所具有的重要性。

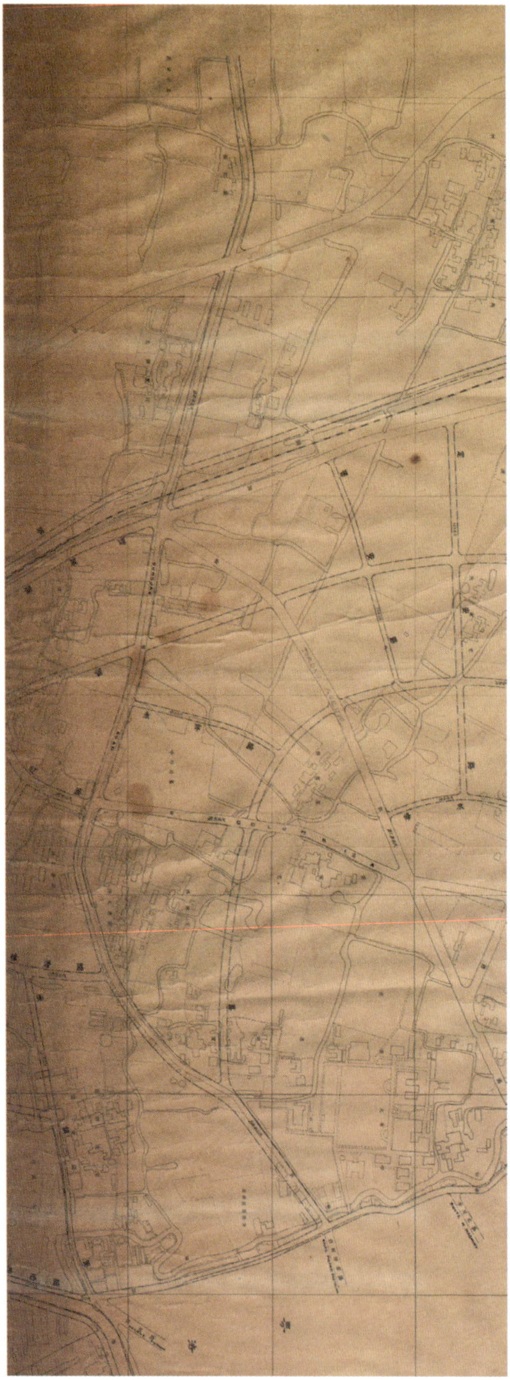

沪西地区道路规划图（1926-1937 年）

【来源◎上海市城市建设档案馆馆藏】

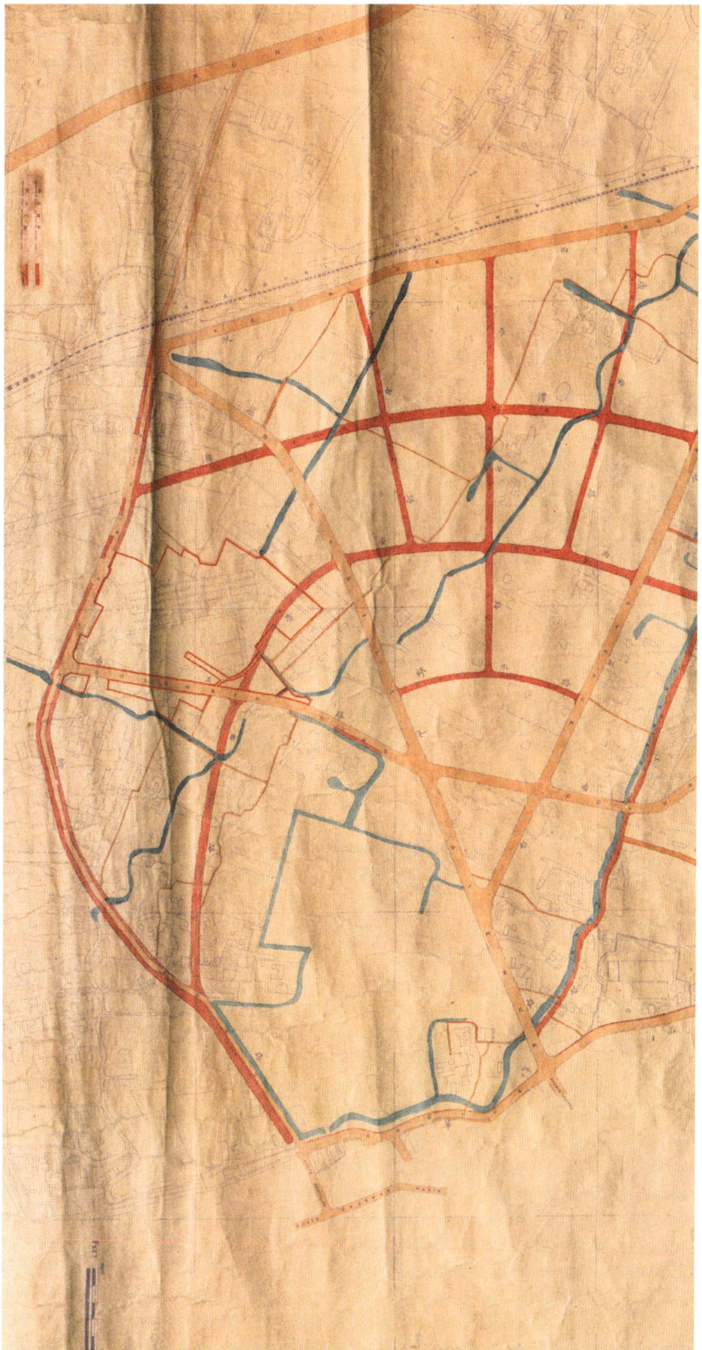

沪西地区道路规划图（1944 年）
【来源◎上海市城市建设档案馆馆藏】

城市的记忆：

城建档案中的虹桥路（1901–1949）

虹　桥　路

第三章

标准像背后的万花筒——虹桥路众面相

(1 9 0 1 - 1 9 4 9)

1901–1949年，在将近半个世纪里，虹桥路由一条非正规的“赛马道”，继而因“越界筑路”而正式诞生，之后历经修缮拓宽，成为当时沪西地区最为重要的交通干道。道路的辟筑与延伸，让虹桥路沿线从上海西郊广阔的乡间“脱颖而出”，迎来了各种传统时代未曾有过的人、事、屋（建筑）。反过来，各色人等的到来，除了在虹桥路沿线建造了各式建筑、开设了各种机构外，更赋予了这条道路众多全新的角色与功能。正是在这样的相互作用下，虹桥路与近代上海城市历史变迁的互动变得愈发紧密，道路沿线的风貌也在此过程中被逐步塑造。散布于虹桥路沿线的众多建筑、机构，成就了虹桥路的“崛起”，而探寻这些建筑、机构背后的往事，无疑也将有助于对虹桥路历史风貌的复原与重现，有助于对虹桥路沿线“红色文化”“海派文化”“江南文化”的再认识。

一、住宅变迁背后的虹桥路风貌演变

自 1901 年辟筑到 1949 年，近半个世纪的时间里，虹桥路沿线工商、文教、市政公共服务机构等从无到有，历经演变。时至今日，其中的多数都已在城市变迁中渐次湮灭。真正对塑造今人眼中虹桥路历史风貌影响最大的要素，恐怕还得是至今仍散布在虹桥路沿线的各类住宅建筑。

“鲜明的乡村别墅式风貌特征”，这是对虹桥路 1949 年之前历史风貌具有代表性的概括表述。① 与此同时，居住者身份、生活方式的特殊性与差异性也在虹桥路历史文化风貌区保护规划的编制中得到了关注，这种差异在 1949 年之前重点表现在西方人、中外富绅及军政显贵们与当地村民之间的不同。②

住宅形式及其背后所承载的不同生活方式，是上述差异最直观的体现，而若能将这些差异清晰呈现，则能帮助我们对虹桥路历史风貌实现更好的复原。如前所述，迟至 1949 年，传统江南乡村仍在虹桥路沪杭甬铁路以西路段有着广泛分布。由于这些村落住宅过于“常态”，当时的报纸、杂志，甚少有对其作专门描述，因此，图像资料就更显得弥足珍贵。

上海市城市建设档案馆馆藏的一张绘制于抗战时期的地图对呈现虹桥路沿线风貌提供了丰富的信息。该地图包括了虹桥路东首至淮阴路这一区段，图中沿线村落密集，河网众多，阡陌交通，一目了然。

---

① 伍江、王林主编：《历史文化风貌区保护规划编制与管理》，上海：同济大学出版社，2007 年，第 169 页。

② 同上。

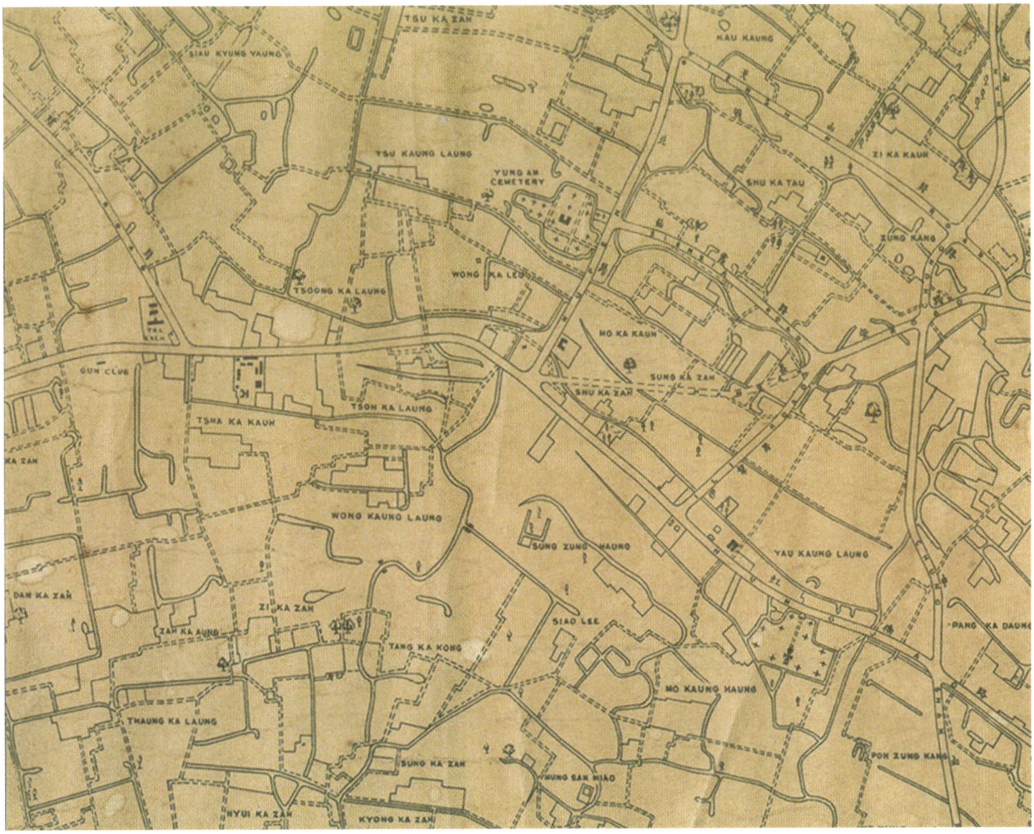

虹桥路（中山西路至淮阴路段）村落、河网分布情况（1943-1945年）

【来源◎上海市城市建设档案馆馆藏】

与此同时，“天地图·上海”1948 年图层在也提供了许多有价值的信息。据该图层显示，1948 年虹桥路沪杭甬铁路以西路段有不少传统中式住宅，在今凯旋路至中山西路、今水城路至西郊宾馆、今龙溪路地铁站及程家桥等处的虹桥路道路两侧呈聚落状分布。这类中式建筑多为一层，坡顶，每个聚落基本都有几十栋甚至上百栋住宅。除一侧紧靠虹桥路外，聚落的其他方向则是被农田、河流所包围。反映了当时此地相当数量的居民依旧是在具有传统江南特色的自然环境中开展生产、生活。

虹桥路沿线的住宅风貌
【来源◎天地图 1948 年】

值得一提的是，天地图显示 1948 年虹桥路沿线众多中式建筑中有颇多上海本地特色住宅“绞圈房子”，这类房屋，双坡屋顶，“四面有屋”，“绞圈而建”，即四面的房屋如铰链一样围圈而居，左右对称，庭心居中，从空中俯瞰，整个建筑呈现米斗状，寓意家族日进斗米，兴旺发达。[①] 具体就虹桥路沿线而言，这里的“绞圈房子”多为两进一庭心的“基本款”，三进两庭心的“双绞圈房”不多，更大规模的三绞圈、四绞圈房则基本没有，一定程度上也反映了当时虹桥路沿线地区的家庭规模。

① 朱亚夫、娄承浩著：《上海绞圈房揭秘：真正的本地老房子》，上海：上海教育出版社，2020 年，第 45 页。

虹桥路沿线的绞圈房子
【来源◎天地图 1948 年】

除了“绞圈房子”为代表的上海本地特色住宅，虹桥路沿线另一类有代表性的住宅就是至今仍为人所津津乐道的花园别墅。和前者以聚落形式集中分布在虹桥路沿线的某几个区域不同，从天地图 1948 年图层可知，虹桥路沿线的别墅建筑分布更为均匀，散落在虹桥路自沪杭甬铁路以西的道路两侧，其中部分别墅与传统中式住宅为主的村落比邻而居，这也是虹桥路的一大风貌特色。从天地图的视角观察，这里的别墅多为坡顶，2 层居多。相较于衡复、愚园路等历史文化风貌区，虹桥路沿线别墅建筑在屋前，甚至屋后都有花园、草坪，且面积要大得多，呈现出不同的环境特色。可惜的是，除了姚氏住宅、沙逊别墅等少数个案因机缘巧合得以完整保留别墅加花园的原始风貌，其他一些别墅住宅尽管主体建筑得以留存，但原本作为整个住宅组成部分的花园、草坪则在城市变迁的过程中移作他用，逐渐消失。虹桥路沿线别墅建筑本身的差异性，也随之被淡化。

沙逊别墅

【来源◎上海市城市建设档案馆编：《城市的记忆——上海市历史文化风貌区（中心城区）》，上海：上海人民出版社，2014 年】

有鉴于此，上海市城市建设档案馆馆藏的虹桥路沿线部分别墅建筑的档案，在复原前者部分历史风貌时的价值就显得格外突出。虹桥路上由庄俊设计的一处别墅是馆藏档案中少有的建于 20 世纪 30 年代的住宅。档案显示，别墅由大元建筑公司承造，1934 年完工，位于虹桥路以北，麦克路（今淮阴路）以东，北侧紧靠宗家浜。住宅坐北朝南，大门正对虹桥路，进门后有大约 600 平方米的花园草坪。主体住宅高 3 层，平顶，另有与之连通的 2 层坡顶住宅，是为车库、洗衣房、仆人卧室之用。主体住宅立面采用水泥拉毛工艺，有较大面积的玻璃窗，以横线条进行装饰，带有明显的现代派建筑风格。①

① 上海市城市建设档案馆馆藏档案：D（03-04）0019330006。

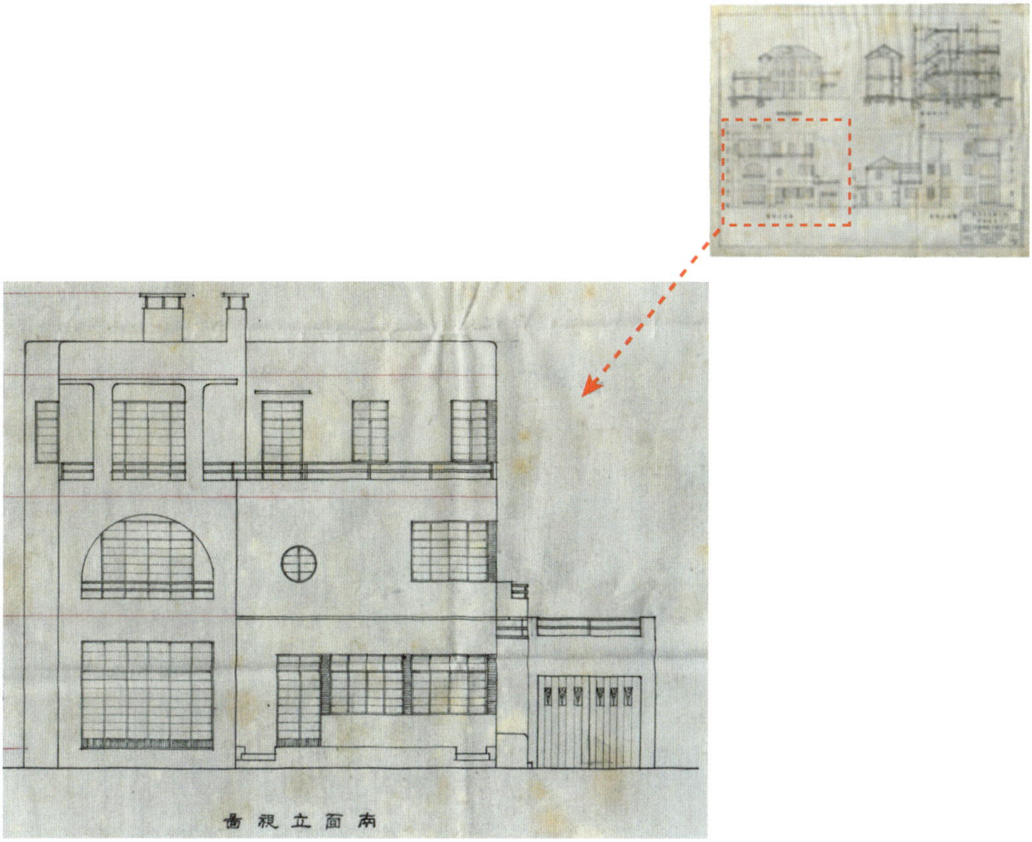

立面设计图

【来源◎上海市城市建设档案馆馆藏】

如果说20世纪30年代庄俊在这处项目中将现代派风格付诸实践还属新潮的话，那么进入20世纪40年代，这样的尝试在虹桥路沿线的别墅建筑中就变得越发常见，华信建筑师事务所设计师杨元麟在1948年设计的一栋3层别墅就是其中一例。据该份档案的总平面图，别墅位于虹桥路南侧，经一条小路通往虹桥路，拥有面积巨大的花园草坪。另据立面图、平面图，别墅为现代派风格，坐西朝东，高3层，平顶，面朝花园的东立面采用了大面积的玻璃窗，为居住者提供了绝佳的观景效果，2层、3层辟有平台、阳光房，使居住者有足够空间与自然亲近。①

① 上海市城市建设档案馆馆藏档案：D（03-08）0019480945。

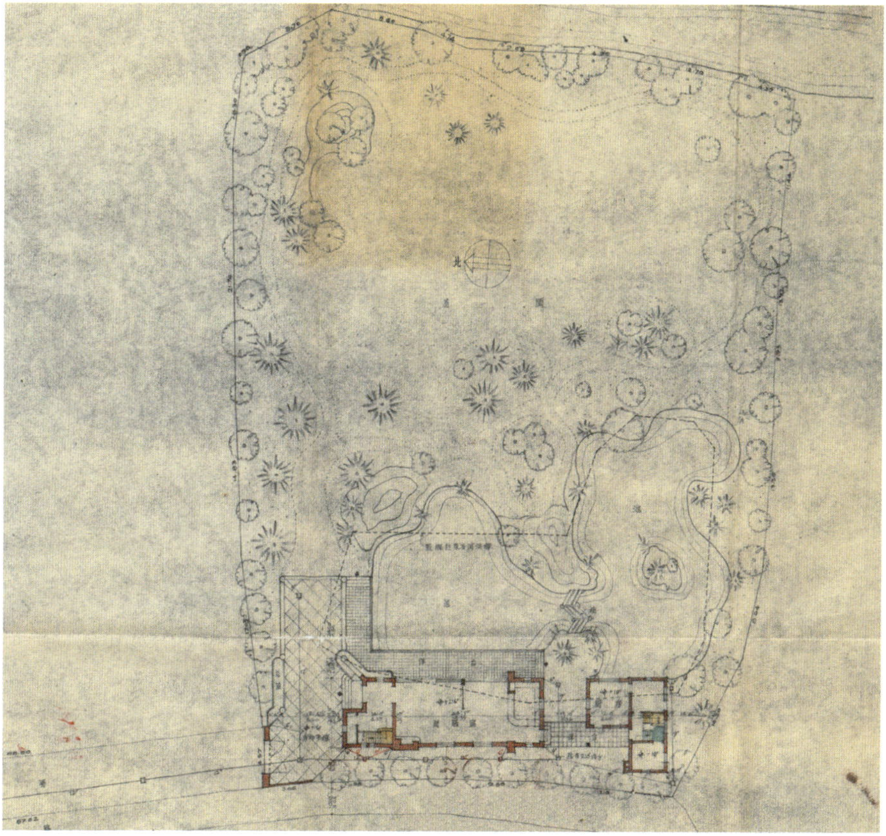

别墅总平面图

【来源◎上海市城市建设档案馆馆藏】

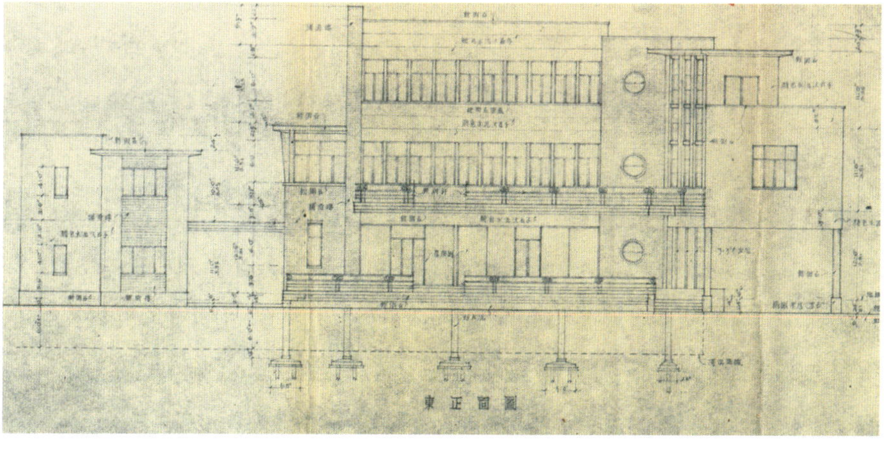

别墅立面设计图

【来源◎上海市城市建设档案馆馆藏】

姚氏住宅外观
【来源◎上海市城市建设档案馆编：《城市的记忆——上海市历史文化风貌区（中心城区）》，上海：上海人民出版社，2014 年】

当然，整条虹桥路，对于现代派风格的追求最典型、最极致、最有名的，无疑是位于今西郊宾馆内的原姚氏住宅。馆藏档案显示，该别墅由协隆建筑师事务所汪敏信建筑师设计①，隆茂营造厂承造，于 1947 年 11 月提交请照单，工程种类一栏填写的是“夏季避暑别墅”，占地面积达 240 平方米，当时的门牌号为淮阴路 200 号②。姚氏住宅仿照美国建筑师赖特的代表作流水别墅，巧妙地利用地形地貌，实为二层的建筑，从地面看只有一

① 关于姚氏住宅为何人设计，多数文献均认为汪敏信为名义上的设计师，实则由鲍立克操刀，但基本无具体资料来源，仅有侯丽，王宜兵著《鲍立克在上海近代中国大都市的战后规划与重建》（同济大学出版社，2016 年 11 月出版）中提到“鲍立克受邀负责姚家花园的室内设计和家具制造”。其依据是鲍立克在圣约翰大学时的学生王吉螽的访谈内容，即使如此，依然不足以证明姚氏住宅由鲍立克实际操刀设计。

② 上海市城市建设档案馆馆藏档案：D（03-93）0019470528。

层，起居室采用阳光顶棚，确保了白天的良好日照，设计上，姚氏住宅将室外的小桥流水移至室内的客厅之中，使得居室空间与自然空间融为一体，这也令其在近代上海的众多建筑中独树一帜，成为经典。

值得一提的是，尽管馆藏档案显示虹桥路沿线曾有不少现代派风格的别墅，但除了姚氏住宅外，少有留存至今。与之形成鲜明对比的，虹桥路历史文化风貌区范围内20余处优秀历史建筑中，几乎所有的住宅建筑均为西式风格。如英国乡村别墅风格的沙逊别墅、罗别根住宅、泰晤士报别墅；具有西班牙风格的美丰银行别墅、美华新村陈氏住宅等。

赖特设计的流水别墅

【来源◎吴焕加著：《外国现代建筑二十讲 插图珍藏本》，北京：生活·读书·新知三联书店，2016年】

上海泰晤士报别墅
【来源◎上海市城市建设档案馆编：《城市的记忆——上海市历史文化风貌区（中心城区）》，上海：上海人民出版社，2014 年】

据上海市优秀历史建筑公布时所披露的信息及其他各类资料，这些西式别墅住宅多建造于 20 世纪 30 年代前后，业主则以西方人士居多。此两点信息，为理解虹桥路沿线别墅建筑在风格上的演变提供了一定的帮助。20 世纪 30 年代初，现代派建筑风格在上海方兴未艾，主要实践集中在公寓、影院、医院等领域，私人住宅方面的尝试尚未成为主流。但从 20 世纪 30 年代中后期开始，随着该建筑风格逐渐为社会所接受，业主也逐渐愿意在建造私人住宅时予以采纳，这其中比较典型的例子包括今康平路 71 号的原荣德生住宅、铜仁路 333 号的原吴同文住宅（绿房子）等。受此影响，1945 年抗战胜利后在虹桥路新建的别墅建筑中，现代派风格也开始逐渐流行。与此同时，根据档案中的信息，与 20 世纪 30 年代虹桥路沿线别墅建筑多为西人建造不同，抗战胜利后，新建别墅住宅业主、设计师多为华人，后者没有前者需要通过建造传统西式建筑寄托思乡之情的情感诉求，这也使其在选择建筑式样时的心态更为开放，现代派作为当时最新潮的建筑风格之一，获得青睐，也就不足为奇了。

值得一提的是，如前文中所提到的，根据馆藏档案及其他史料所呈现的信息，迟至 20 世纪 30 年代之后，中国建筑师在虹桥路沿线就开始逐渐留下了越来越多的作品。目力所及，基泰工程司、华信建筑师事务所、新华建筑师事务所、华海建筑师事务所，庄俊、严寿石、蒋文杰、俞楚白、许汉辉、施德坤、周基高、汪敏信等本土建筑师、建筑事务所都曾在虹桥路沿线留下住宅作品，而如果扩大到其他类型建筑，这个名单中还可以包括华盖建筑事务所、兴业建筑事务所等。

当然，这种由于时代、业主、设计师的不同而对住宅风格产生的影响，也无法被简单地一概而论。档案中，今中山西路虹桥路西南角处有一栋建于 20 世纪 30 年代末，带有明显中式风格的别墅住宅，文件记载由西方人所建。[①] 反过来，位于虹桥路虹梅路口西南角的荣辅仁住宅，尽管业主是中国人，但从天地图来看，很可能是一栋英国乡村风格的别墅。但无论如何，有一点是可以基本断定的：在虹桥路辟筑后的最初半个多世纪里，沿线住宅建筑的构成情况处于不断的变化中。一方面是中西之间的碰撞，以绞圈房子为代表的传统江南民居始终在虹桥沿线占据着一席之地，但随着时间的推移，不断出现的代表了西方建筑文化的别墅住宅，也开始与前者一同构建起虹桥路沿线的住宅风貌。另一方面，即使是代表了“西方”的别墅住宅，在 1901-1949 年这将近半个世纪的过程中，其风格也受到外部环境的影响，处于不断的变化中。简言之，人们如今能够轻易觉察的风貌变迁，只是最表层“符号”的更替，其背后所蕴含的各种原因、背景，才是真正的时代沧桑，就这一点来讲，复原虹桥路住宅层面的历史风貌及变化过程，无疑能够对理解这条道路、这座城市的变迁提供一定的资料佐证。

① 上海市城市建设档案馆馆藏：D（03-04）0019400001。

二、弦歌不辍，薪火相传：虹桥路上的学校

循着沿线住宅建筑风格演变的足迹，虹桥路的历史风貌得以初现：远离都市喧嚣，传统江南本地建筑与西方古典或是现代派风格花园别墅交错而立……但这依然只是虹桥路历史风貌的大框架，各类不同的机构、产业，在道路沿线相继初现，他们的存在，也让虹桥路的历史风貌变得愈发丰富。这其中，学校就是一个典型的例子。

近代史上的虹桥路是一条汇聚了重要教育资源的道路。尽管处于沪西偏远之地，但早在虹桥路尚未“取得正式身份”时，上海交通大学的前身南洋公学就已经在其东首创办。此后不到半个世纪的时间里，东亚同文书院、上海盲童学校、立信会计专科学校等学校先后落户于虹桥路沿线，对中国近代教育史，乃至整个中国近代史上都产生了巨大影响。与此同时，这些不同类型的学校，为虹桥路带来了丰富的历史人文内涵，也为如今探寻虹桥路的历史风貌，留下了不少宝贵的资料。

（一）先有上交大，再有虹桥路

尽管如今的上海交通大学（以下简称“上海交大”）与虹桥路并不相邻，但在虹桥路辟筑后的将近 100 年里，前者却一直都扮演着虹桥路之首的角色[①]。一言以蔽之，虹桥路，自上海交大（南洋公学）始。

---

① “Chang-hai et Zi-Ka-Wei”，绘制者 Capitaine Gadoffre，1901 年。

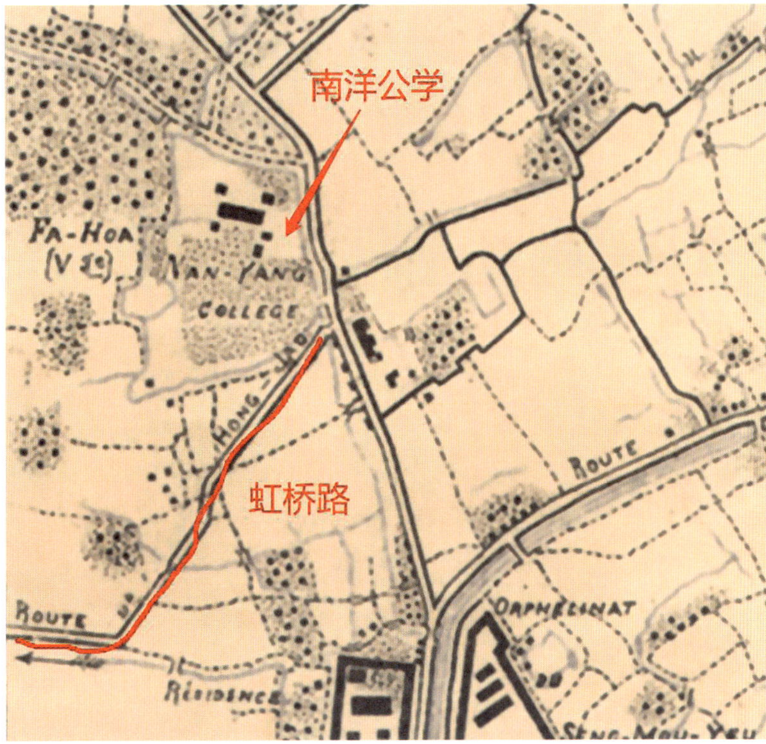

1901 年地图上的南洋公学与虹桥路
【来源◎沪西法营内守备贾君道富测画：《Chang-hai et Zi-Ka-Wei》，1901 年】

1896 年创立于“虹桥路”之首的上海交大初名南洋公学，初建校时总面积约 120 亩，随着历史变迁，前后更名为邮传部上海高等实业学堂、交通部上海工业专门学校、交通部南洋大学、国立交通大学（上海本部）等名称，并于 1959 年正式定名为上海交通大学，[①] 期间经过逐次扩大，现校园面积已达 400 亩（徐汇校区）。自建校至 1949 年中华人民共和国成立，上海交大确立“求实学，务实业”的宗旨，以培养“第一等人才”为教育目标，精勤进取，笃行不倦，在 20 世纪 20 年代后已成为国内著名的高等学府，被誉为“东方麻省理工”。[②]

① 上海交通大学历史沿革，https://www.sjtu.edu.cn/lsyg/index.html，2021 年 7 月 3 日访问。
② 上海交通大学学校简介，https://www.sjtu.edu.cn/xxjj/index.html，2021 年 7 月 3 日访问。

与此同时，1921 年中国共产党成立后，马克思主义即悄然进入上海交大（时名南洋大学）校园。1922 年 4 月 21 日，陈独秀来校作“宗教问题”的演讲，宣传唯物史观。沈雁冰、恽代英、郭沫若等先后来校宣传马克思主义。在轰轰烈烈的五卅运动反帝热潮的锻炼中，上海交大张永和（后改名张致中）、顾谷宜、陆定一等进步学生，投身革命，先后加入中国共产党。这些都为建立交大党组织作了思想发动和组织准备。1925 年底，上海交大独立建立中国共产党支部，这是上海交大历史上第一个共产党组织，也是中国高校最早成立的共产党组织之一。[①] 此后，在上海工人武装起义、抗日救亡运动中，上海交大的党组织克服困难，艰难发展，中华人民共和国成立前夕，广大师生积极投身民主革命，学校被誉为“民主堡垒”，[②] 涌现出了穆汉祥、史霄雯为代表的一批革命先烈。

上海市城市建设档案馆馆藏有多份交大相关档案，包括学校大门、厕所等的改建工程等。其中 1934 年交通大学图书馆（今上海交大“老图书馆”）改建工程的相关档案，详细记录了这栋原本凹字形的建筑，如何经过基泰工程司的设计，将中部天井改造添建为书库的过程。不仅为我们了解这栋古典主义建筑提供了丰富的资料，同时也从侧面反映了上海交大在当时正处于快速发展阶段。[③]

① 中共交大组织的建立（1925-1930 年），https://sjtuhistory.sjtu.edu.cn/info/1016/1273.htm ，2021 年 8 月 26 日访问。

② 上海交通大学学校简介，https://www.sjtu.edu.cn/xxjj/index.html，2021 年 7 月 3 日访问。

③ 上海市城市建设档案馆馆藏档案：D（03-04）0019340004。

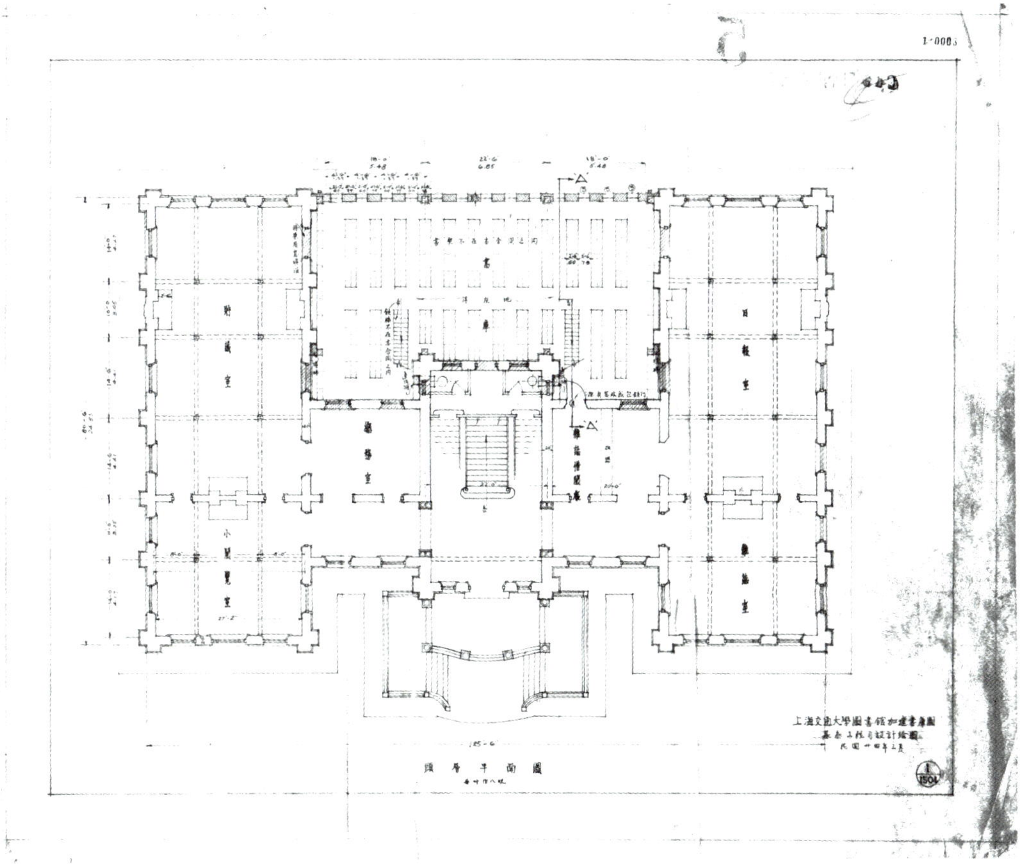

交通大学图书馆加建书库平面设计图

【来源◎上海市城市建设档案馆馆藏】

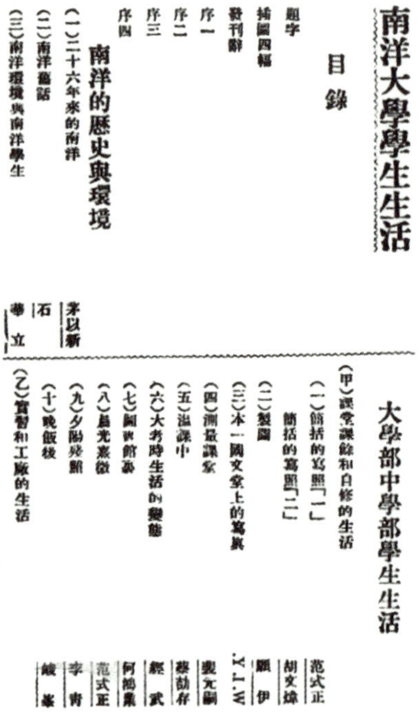

南洋大學學生生活

目錄

題字
插圖四幅
發刊辭
序一
序二
序三
序四

南洋的歷史與環境

(一)二十六年來的南洋　茅以新
(二)南洋藝話　石
(三)南洋環境與南洋學生　華立

目錄

大學部中學部學生生活

(甲)課堂課餘和自修的生活
(一)簡括的寫照「一」
簡括的寫照「二」
(二)製圖
(三)本一國文堂上的寫真
(四)測量課室
(五)溫課中
(六)大考時生活的變態
(七)圖書館裏
(八)晨光熹微
(九)夕陽殘照
(十)晚飯後
(乙)實習和工廠的生活

范式正
胡文煒
顯伊
W.T.Y.
裴元嗣
蔡劭存
經武
何鴻業
范式正
李青
峻峯

一

《南洋大学学生生活》书影
【来源◎瀚文民国书库】

上海交大创建于此，不仅为虹桥路平添了红色传统与书香往事，更重要的是，在众多与之相关的史料中，我们也有机会发现不少同虹桥路相关的信息。

《南洋大学学生生活》，是一本由南洋周刊社主编，旨在“要给现在的南洋职教员和同学一个改进南洋学生生活的借证；要给想入南洋未入南洋的兄弟，和一切爱护南洋的先生，对于吾们的生活，得着充分的了解；要贡献教育家一些研究‘学生生活’的资料；要引起全国学校对于‘学生生活’的注视”① 的册子，根据所刊载交通部南洋大学一年级招生简章及序言判断，该册子出版时间应在1923年6-7月，其中与虹桥路相关的内容，为我们了解20世纪20年代初虹桥路东段的风貌提供了宝贵的史料。

良好的“生态环境”，是当时虹桥路东首一带重要的风貌特征。书中介绍南洋大学周边环境时就有提到，学生吃过晚饭后，“就三三两两在虹桥路绿荫深处携手闲步，或是在茫茫的麦田里，乱跑乱窜，陶醉在一碧无际的大自然中。”② “虹桥路在我们学校的南边，他的起点有一座桥叫作虹桥，路旁边与一道小河，路不很宽，但是他上面的树木是很整齐，很葱郁，很茂盛，很美观；比任何路上的树木都好。树的年龄是很久了，上面

①《南洋大学学生生活》，上海：南洋周刊社，1923年6-7月，发刊辞。
②《南洋的历史与环境》，第41页，《南洋大学学生生活》，上海：南洋周刊社，1923年6-7月。

枝叶交错，高出云际，却成半圆形，远远地望着，好像用人工扎的松门一般，再当这夕阳残照，点点红霞映着河里的水，照着上面的树，红绿交相映成了一幅天然的图画。”①

诸如此类将虹桥路视作拥抱大自然、休闲散步好去处的记录，书中还有多处，可见，迟至20世纪20年代，虹桥路东首不仅还没有像如今这样彻底的城市化，甚至同当时洋房林立的法租界西区亦有较大差异。

充满着大自然气息的同时，我们也能看到，由于同传统市镇——徐镇相去不远，加上南洋大学在此所带来的人气效应，这一区域也并非只有乡间景致。

“每天四五点钟的时候，总可以见很多的同学，向门外走，有的是一个人低了头，急急忙忙的；有的是三五成群，谈谈笑笑的。无论一人数人，大概总是去享受口福了。……其实大家也都不愿意大敲，因为果报循环：‘敲人者人恒敲之，揩人者人恒揩之。’我今日揩人，难免来人家不来揩我。为日后自己计，还是小小地敲一下罢！小敲大概，到杨顺发虹桥店（店号不知道，因为他在虹桥路头，就叫他虹桥店）、南洋营业公司；大敲大概到黄元店、福兴楼、广兴馆三处了。杨顺发占了地势上的便宜，（在校门对角）所以生意最好，老板和老板娘也还和气，很得同学们好感。他主要的买卖，是点心馄饨，以及一切小食与其他日用品。同学们一到那里就可以自动得到瓶罐里自拿自吃，要吃起馄饨来，只要叫声‘三十只’他就给你送来，馄饨这两个字，可以Understoop吃完了，自己计算计算，告诉他多少钱，就付给他，他们很信任学生，学生也凭良心地不欺他分毫。有时身边没有带钱，便暂时欠欠，他们不便不答应。”②

这段对20世纪20年代初期上海交大学生生活的描写中我们可以看到，虹桥路最东段一带，已有较多的饭馆小吃店，根据常识，后者势必不会是

①《大学中学部学生生活》，第28页，《南洋大学学生生活》，上海：南洋周刊社，1923年6-7月。
②《大学中学部学生生活》，第80-81页，《南洋大学学生生活》，上海：南洋周刊社，1923年6-7月。

孤立地存在，这一路段已经出现了一个围绕学生群体相关需求而形成的“生活圈”。在一定程度上，虹桥路东段较早的城市化，除了因为靠近当时上海中心城区外，上海交大的存在，也是其中一个重要因素。

从 1947 年版《上海市行号路图录》中，这一点得到了更为直观的体现，虹桥路东首除了交大校园之外，沿街店铺林立，包括书店、米铺、车行、木号、西服店等，[①] 这些店铺中有不少都是服务于交大学生、教职员工的。由此我们可以推断，上海交大的存在，既成为了虹桥路在空间层面上的开端，与此同时，教职员工、学生在此工作、学习、生活，也对近代虹桥路东首一带的风貌形成产生了不可替代的作用与影响。

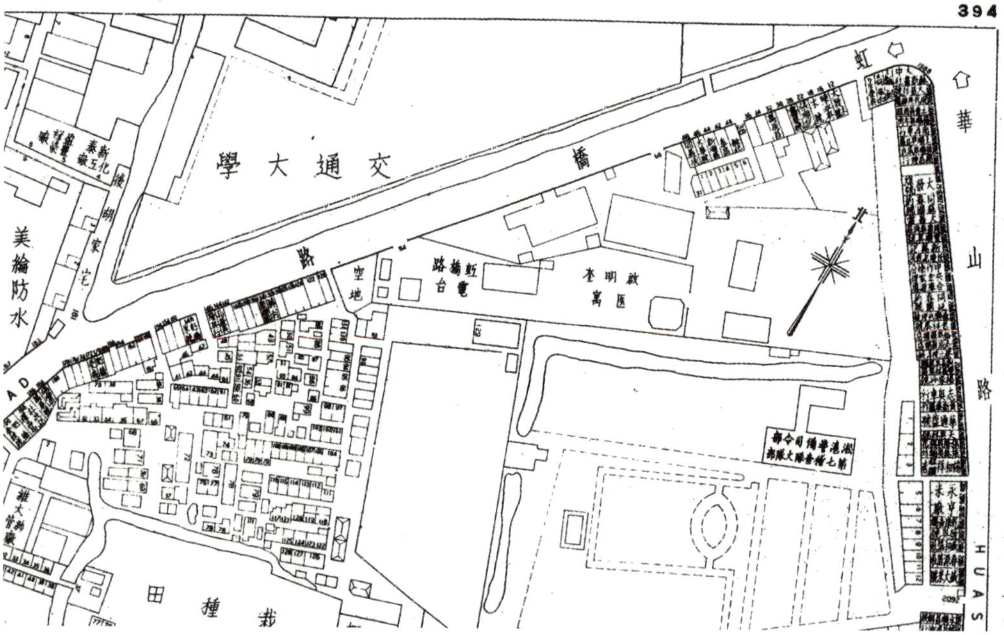

1947 年版《上海市行号路图录》上的交大周边风貌

【来源◎《上海市行号路图录下册》，1947 年，第 97 图】

① 《上海市行号路图录下册》，第 97 图，《中国近代建筑史料汇编（第三辑）——上海市行号路图录（第四册）》，上海：同济大学出版社，2009 年。

（二）东亚同文书院：在虹桥路，品读近代史

时光回到100年前，沿着虹桥路从上海交大往西而行，不出10分钟，另一所在中国近代史上具有重要影响力的学校就会映入眼帘，这就是上海东亚同文书院。上海东亚同文书院虹桥路校舍位于虹桥路100号（旧路牌），即今虹桥路广元西路路口附近，分布于道路南北两侧，校舍耗资约57.5万元，占地33000平方米，路北侧设有图书馆、教师、农工科实验室、食堂、宿舍、浴室、医疗室等，路南侧则是教师住宅及俱乐部等。与上海交大（南洋公学）一样，上海东亚同文书院也在虹桥路辟筑之前就已经诞生，只不过，前者建校之日起就从未迁址，后者则是建校于别处。

1900年5月，日本在华团体东亚同文会在南京成立南京同文书院，根津一任院长，这是在中国的租界以外设立的第一所外国学校。由于义和团运动的兴起，是年8月，书院迁至上海，但由于根津一的提议，当义和团运动结束后，书院决定继续留沪办学。书院在上海的第一个落脚点位于涌泉路（今南京西路）近跑马厅一带，作为专门学校，设有政治科、商务科，学制3年。1901年5月，书院迁至高昌庙桂墅里，5月26日的开学典礼上，包括上海道台、上海知县等地方官员出席，学校也从这时始称东亚同文书院。1913年受二次革命战火波及，学校转移至日本长崎暂避，后又于是年10月迁至上海赫司克而路（今中州路）续办。随着办学规模的逐渐扩大，1917年，东亚同文书院来到虹桥路新校址，这里也成为其校史中使用时间最长的校址。抗战爆发后，虹桥路校舍被战火波及，书院第二次转移至长崎暂避，1938年4月战事平息后，该校回到上海，因原本的校舍已被毁，遂占据毗邻的交通大学校园继续办学直至二战结束。期间，1939年4月，东亚同文书院更名为东亚同文院大学。

上海东亚同文书院是近代日本在海外开设的规模最大、历史最悠久的文化教育机构，初以招收具有初中毕业水平的优秀日籍学生为主，后兼收中国籍学生。该校建学精神与目的包括。第一，唇亡齿寒，因此要加强“日清提携”，以清为鉴；第二，培养“中国通”；第三，“培养中国英才”，

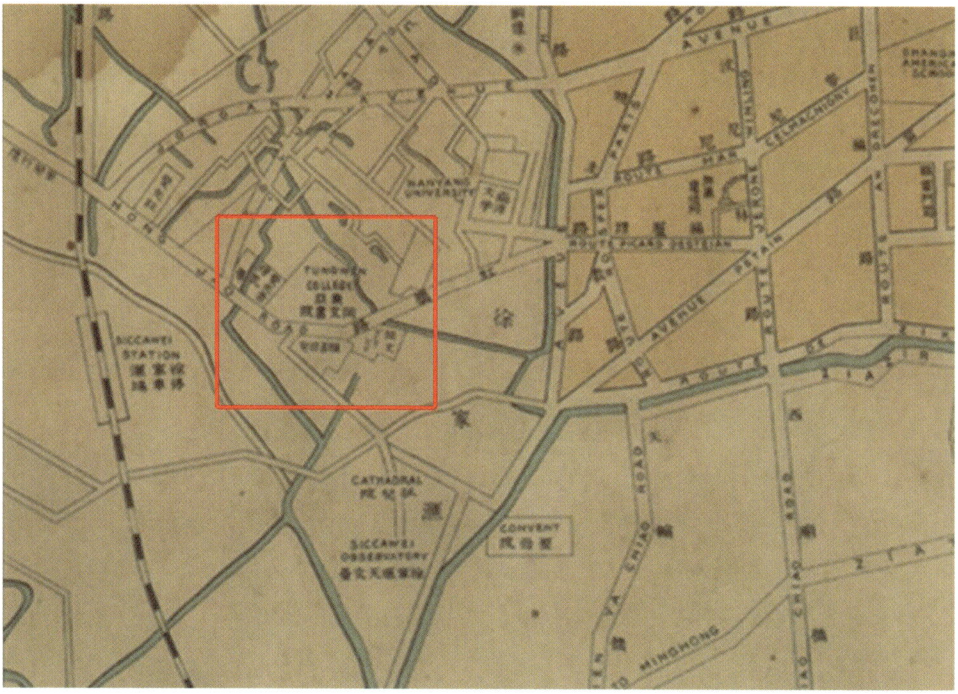

东亚同文书院位置图
【来源◎大阪朝日新闻社特撰：《最新上海地图》，昭和七年3月5日】

“树立中国富强之基，固中日合作之根”。[1] 从1917年4月到1937年10月，虹桥路校舍时期，书院总共培养了23期学生（第14期到第37期），是该校历史上的最为鼎盛的时期。[2]

1918年10月，书院为对中国有更深入研究，特设中国研究部，搜集有价值的中国货币、商业文书、地券、传单等资料，并指导学生开展休学旅行，举办座谈会、演讲会等。1920年9月，该校开始设立中华学生部招收中国学生，首批共35人，此举一直持续到1934年。上海东亚同文书院是近代日本研究中国的权威机构，它奠定了日本近代中国学的基础。书院前后培养的近5000名人才则为中日文化交流发挥了巨大的作用。每一届

① 《东亚同文书院兴学要旨》，转引自苏智良：《上海东亚同文书院述论》，《档案与史学》，1995年第5期，第40页。
② 苏智良：《上海东亚同文书院述论》，《档案与史学》，1995年第5期，第40页。

学生毕业前都要进行旅行考察（史称“大旅行”），足迹遍布中国各地，留下了数以十亿记的调查报告，内容涉及经济、文化、自然地理、风土人情等。其中的优秀报告每年都会结集出版，孙中山等中国政要、名人都曾为其题词，这些内容至今仍然是研究近代中国社会的宝贵史料。除此之外，上海东亚同文书院的学生还参与或支持了中国的革命事业，清末，多位日籍师生对孙中山领导的辛亥革命鼎力相助。

虹桥路时期，正逢中国共产主义运动风起云涌，书院的学生也深受影响。1925 年上半年，中共徐家汇支部成立，支部书记就是东亚同文书院的梅电龙，支部成员 7 人，除上海交大顾谷宜外，其余都来自东亚同文书院。随着形势发展，1925 年 10 月，东亚同文书院独立建立支部。① 1930 年初，又有安齐库治、白井行幸、水野茂、中西功等学生加入中国共产主义青年团。他们在校内组织左翼运动小组，为院方侦知，结果安齐、白井被勒令退学，其余学生受到停学等处分。②

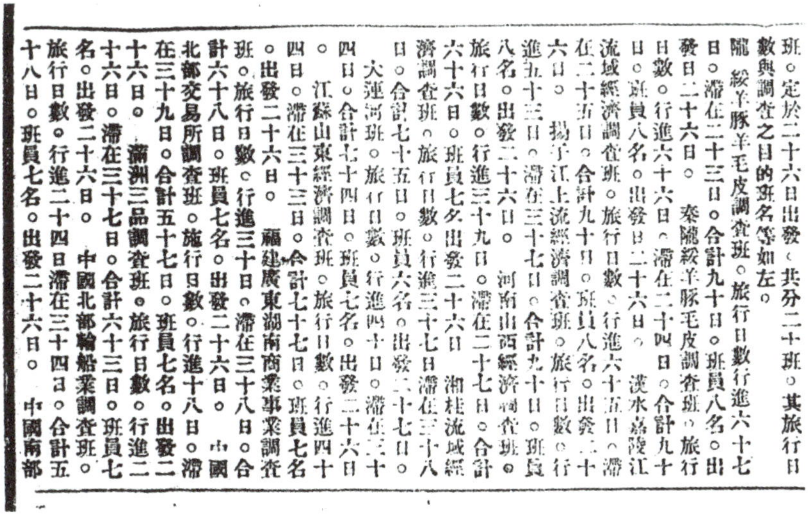
班○定於二十六日出發、共分二十班○其旅行日數與調査之目的班名等如左○
隴綏羊豚羊毛皮調査班○旅行日數行進六十七日○滯在二十三日○合計九十日○班員八名○出發日二十六日○ 秦隴綏羊豚毛皮調査班○旅行日數○行進六十六日○滯在二十四日○合計九十日○班員八名○出發日二十六日○ 漢水嘉陵江流域經濟調査班○旅行日數○行進六十五日○滯在二十五日○合計九十日○班員八名○出發二十六日○ 揚子江上流經濟調査班○旅行日數○行進五十三日○滯在三十七日○合計九十日○班員八名○出發二十六日○ 河南山西經濟調査班●旅行日數○行進三十九日○滯在二十七日○合計六十六日○班員七名出發二十六日 湘桂流域經濟調査班○旅行日數○行進三十七日滯在三十八日○合計七十五日○班員六名○出發二十七日○ 大運河班○旅行日數○行進四十日○滯在三十四日○合計七十四日○班員七名○出發二十六日○ 江蘇山東經濟調査班○旅行日數○行進四十四日○滯在三十三日○合計七十七日○班員七名○出發二十六日○ 福建廣東湖南商業事業調査班○旅行日數○行進三十日○滯在三十八日○合計六十八日○班員七名○出發二十六日○ 中國北部交易所調査班○旅行日數○行進十八日○滯在三十九日○合計五十七日○班員七名○出發二十六日○ 滿洲三品調査班●旅行日數○行進二十六日○滯在三十七日○合計六十三日○班員七名○出發二十六日○ 中國北部輪船業調査班○旅行日數●行進二十四日滯在三十四日○合計五十八日○班員七名○出發二十六日○ 中國南部

关于东亚同文书院“大旅行”的报道

【来源◎《时报》，1921 年 6 月 25 日】

① 一、中共交大组织的建立（1925-1930 年）https://sjtuhistory.sjtu.edu.cn/info/1016/1273.htm，2021 年 8 月 26 日访问。

② 苏智良：《上海东亚同文书院述论》，《档案与史学》，1995 年第 5 期，第 40 页。

在中国近现代史上，上海东亚同文书院，有着重要的历史地位，而其之于虹桥路的风貌变迁，也有着不少影响。位于东亚同文书院西侧，今淮海西路虹桥路路口东北角的地方曾是近代上海著名的牛奶厂商“爱光社”。[①]后者坐落于此，同东亚同文书院存在一定的关系。一方面，近代日本西化的生活方式，使得书院师生成为一个较大的牛奶消费群体，基于当时的运输保存条件，牛奶棚与消费者之间物理距离必须要近。爱光社选择虹桥路，显然正是遵循了这一原则。另一方面，爱光社的创始人石崎良二，则是东亚同文书院第一期毕业生，在虹桥路开设牛奶棚，或也是受到了这方面的影响。

作为近代上海规模较大的牛奶公司，爱光社的发展历程是近代上海城市史的一个缩影。五四运动之后，每逢抵货运动兴起，爱光社就会因其日资身份生意锐减。因此，当“九一八事变”爆发后，石崎良二将部分股份转给美商，牛奶棚的名字也因地处哥伦比亚路（今番禺路）附近，更名为“哥伦比亚牧场”。抗战时期，爱光社曾一度重回市场，日本投降后，爱光社牛奶棚被中国政府收归国有。[②]

---

① 大阪朝日新闻社特撰：《最新上海地图》，昭和七年 3 月 5 日。

② 曹伟：《上海滩牛奶棚地图与变迁：淮海路曾传来奶牛哞哞》，澎湃新闻，2020 年 7 月 26 日，https://www.thepaper.cn/newsDetail_forward_8447635，2021 年 7 月 4 日访问。

（三）盲童学校：虹桥路上的一盏明灯

与上海东亚同文书院一样，虹桥路上还有另一所同样由西人创办的学校，它就是位于虹桥路 290 号（今虹桥路 1850 号），至今已有超过 100 年历史的上海市盲童学校。

上海盲童学校的前身上海盲童学堂诞生于 1911 年，由传教士傅兰雅（John Fryer）、傅步兰（George Brown Fryer）父子创办。前者自 1861 年来华传教后，目睹中国社会中盲人的不幸境遇，一直试图设立一所盲童学校。1911 年 7 月，傅兰雅捐献江湾一带 13 亩地产及白银 6 万两作为开办经费，上海盲童学堂由此创办。1912 年，学校正式开学，一年后更名为上海盲童学校。学校最初位于虹口北四川路（今四川北路），租赁民居作为临时校舍，首批学生共有 8 名男生，均来自上海及周边城市。1913 年，学校在沪西忆定盘路（今江苏路）购地，开始建造新校舍，在此过程中，傅兰雅又有捐献，对学校可谓倾注全力。1915 年，忆定盘路校舍竣工，学校开始步入正轨，学生数量保持在 40-50 人，设有文化、音乐、工艺等科，还开设了幼稚园和小学部。在盲校达到小学程度并有能力升学的学生，则有机会升入圣约翰大学附中及大学部。这种良性的发展模式，使学校在上海社会获得了越来越多的关注与赞誉。

随着学校的不断发展，忆定盘路校舍逐渐不敷使用，加上城市扩张后，该区域地价飙升，原地扩张着实不易，在此情况下，董事会在 1929 年将该校舍及地皮出售，在虹桥路购入 26 亩土地建造新校舍。1931 年校舍建成，校园为英式洋房，建筑外墙清水红砖，立面简洁，檐下有线脚装饰。极具标志性的多立克柱入口门廊，外挑的老虎窗，装饰有宝瓶式栏杆的开阔露台。形成了具有特色的建筑风貌。中华人民共和国成立后增建的建筑，也延续这一风格。

上海盲童学校
【来源◎上海市城市建设档案馆编：《城市的记忆——上海市历史文化风貌区（中心城区）》，上海：上海人民出版社，2014 年】

选择虹桥路作为新校址，一方面是因为此处地价相对较低，能够获得更大的发展空间。另一方面，当时校舍周围还是一派田园乡间的景象，环境优雅，适合学生的身心发展。与此同时，虹桥路本身的交通便捷性，也让学校与外界能够保持良好的联系与交流。此次迁建，学校获得亨利·雷士德基金会 5 万两白银的资助，除此之外，1928 年傅兰雅逝世后，其将三分之一的财产留给了盲童学校，这些都为后者在虹桥路建造新校舍及日后的发展提供了物质保障。[①]

迁入虹桥路新校舍不久，上海盲童学校女子部正式面向 7-12 岁的女盲童开始招生。首批招收 4 人。盲校分为学校部和工艺部。前者学制从幼稚园到初中，包括初小 4 年、高小 2 年、初中 3 年，同一般学校并无不同。课程设置上，学校也同样尽可能与一般学校保持一致，并非常重视英语，唯因盲童的特殊性，故以音乐课代替美术课。盲童在小学、初中毕业后无力升学的，可以进入工艺部学习藤工编制工艺，为之后的就业谋生打

① 《上海普通教育志》编纂委员会编：《上海普通教育志》，上海：上海社会科学院出版社，2015 年，http://www.shtong.gov.cn/dfz_web/DFZ/Info?idnode=164688&tableName=userobject1a&id=220866，2021 年 7 月 7 日访问。

上海盲童学校学生在编制藤具
【来源◎《美术生活》，1934年，第3期】

下基础。[①] 据统计，1935年时学校有84名学生，其中女生18名，教职员工则有22名，其中10位是盲人，8名即毕业于上海盲童学校。学校有各类盲文读书千余册，配备有傅兰雅捐赠的盲文印刷机一台，每年能印刷盲文教材、书籍、杂志10万张以上，在当时中国堪称领先。值得一提的是，据史料记载，虹桥路时期，傅步兰担任校长的上海私立福哑学校的地址也是虹桥路290号，[②] 两所学校很可能是在一起办学，令这片校舍更添了几分温情。

1937年"八·一三"事变爆发后，上海盲童学校师生陆续转移到租界内继续办学，经傅步兰赴美募捐筹得款项，学校得以弦歌不辍。1949年，傅步兰退休回国，3年后上海市人民政府接办上海盲童学校并一直延续至今，成为上海乃至全国特殊教育领域的一个重要基地。[③] 宛如一盏明灯，照亮了众多盲童的人生道路。与此同时，上海私立福哑学校在抗战爆发后亦迁入租界办学，1949年后，该校先后更名为上海市第二聋哑学校、上海市聋人中学，1999年改为上海市长宁区初级职业技术学校，为中、重度大龄智障学生和随班就读毕业的轻度智障学生开展初级职业教育。[④]

---

① 朱怡华：《上海盲童学校历史调查简记》，《华东师范大学学报（教育科学版）》，1994年第2期，第48页。
② 李万育编著：《特殊学校》，上海：商务印书馆，出版时间不详，16页。
③ 朱怡华：《上海盲童学校历史调查简记》，《华东师范大学学报（教育科学版）》，1994年第2期，第48页。
④ 《共和国改革开放大纪实》编委会编：《共和国改革开放大纪实 教育卷》，北京：中国统计出版社，2000年，第640页。

（四）立信会计：虹桥路旁的重生

上海立信会计金融学院，这是一所发展过程中经历了多次变化的学校。而虹桥路，则在将近 80 年前，见证了“立信会计”这块金字招牌的重生与壮大。作为该校的前身之一，上海立信会计学院是中国现代会计教育的发祥地之一，其可追溯至是著名教育家、会计学家、“中国现代会计之父”潘序伦创办于 1928 年的立信会计补习学校。1937 年更名为立信会计专科学校。[①] 抗战爆发后，该校初在公共租界内继续办学，由于“孤岛时期”的上海环境日益恶化，1940 年 7 月，潘序伦离沪赴渝，开始筹划学校迁川事宜。太平洋战争爆发后，学校利用重庆北碚原立信会计学校的校舍，成功内迁继续办校。[②] 在此过程中，为抗战胜利后学校发展计，学校动用基金 9.4 万元购入虹桥路近柿子湾一带 33 亩土地，以备日后建造新校舍。[③]

① 《上海立信会计金融学院历史沿革》，2016 年 6 月 12 日，https://www.lixin.edu.cn/hjgk/lsyg/46851.htm，2021 年 6 月 5 日访问。

② 李海波主编，立信会计高等专科学校志编纂委员会编：《立信会计高等专科学校志》，上海：立信会计出版社，1998 年，第 55 页。

③ 上海立信会计学院校志编纂委员会编：《上海立信会计学院 80 周年校志》，上海：立信会计出版社，2008 年，第 5 页。

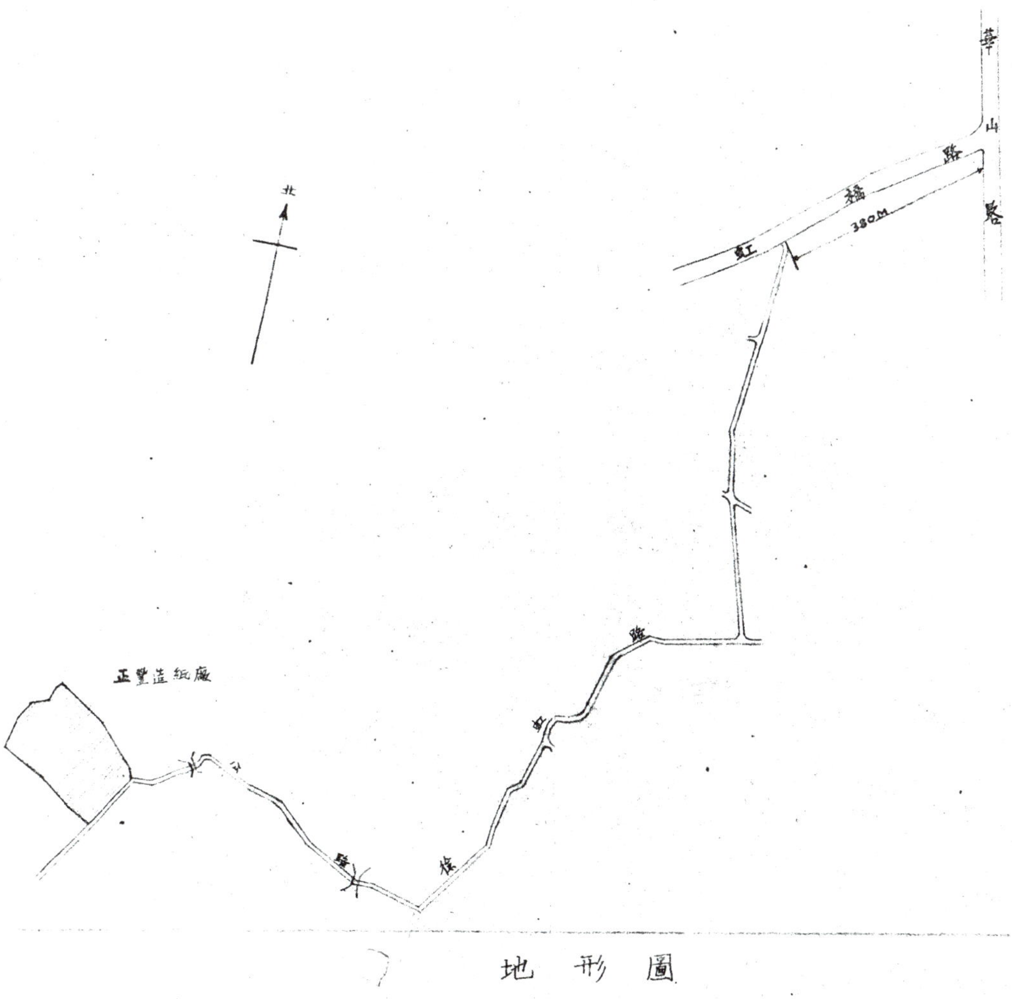

立信会计专科学校与虹桥路位置示意图

【来源◎上海市城市建设档案馆馆藏】

1945 年 8 月，抗战胜利，立信会计返沪事宜立即被提上日程。1946 年 8 月起，学校一切校务均在上海办理，共有专科生 275 名，训练班学生 90 名，分别在河南路吉祥里立信补习学校、长乐路潘序伦捐赠的私宅等处上课。与此同时，新校舍的建设也在 1946 年 6 月 7 日正式动工。1947 年春季，新校舍基本建成，学校于 2 月 15 日进入新址办公。校园内的建筑计有：三层教学大楼 1 幢，礼堂 1 幢，由纺织业及申新纺织总公司荣鸿元（荣宗敬之子）等捐助所建，分别命名为“纺织楼”和“宗敬堂”；饭厅 1 幢，由立信同学、校友捐助所建，命名为“思源堂”；男女生宿舍东斋、西斋各 1 幢；教职工宿舍、操场等，共耗资法币 10.25 亿元。以后又新建体育馆 1 幢。① 根据上海市城市建设档案馆馆藏档案，新校舍由华盖建筑事务所建筑师陈植设计，泰来营造厂承造，建筑立面风格简洁大气，教学大楼一楼为教室、办公室，二楼为教室、图书馆、阅览室，三楼为会议室、教员研究室等。②

① 李海波主编，立信会计高等专科学校志编纂委员会编：《立信会计高等专科学校志》，上海：立信会计出版社，1998 年，第 55 页。

② 上海市城市建设档案馆馆藏档案：D（03-93）0019460101。

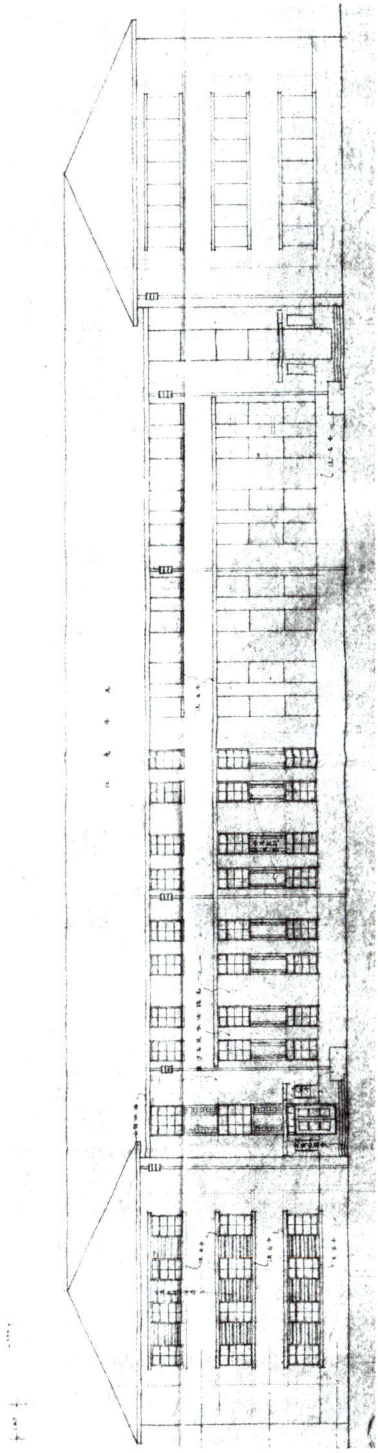

立信会计专科学校教学大楼立面设计图

【来源◎上海市城市建设档案馆馆藏】

初建成时的立信会计专科学校校舍
【来源◎童寯著：《童寯文集（第2卷）》，北京：中国建筑工业出版社，2001年】

这里需要说明的是，立信会计专科学校这一时期的校址，具体位置在今徐虹华庭小区一带，从今天的视角来看，此处距离虹桥路尚有四五百米的距离，然而20世纪40年代后期当时的报刊、书籍，提及立信会计校园位置时，虹桥路是一个常见的关键词，馆藏图纸上标记项目地址时也使用了“虹桥路徐虹路公路内正丰纸厂隔壁”这样的描述。[①] 究其原因，这种看似“误读”的背后，反映的正是当时从立信会计专科学校到虹桥路这一区域的环境风貌：没有如今这样密集的路网，也不似当下周围有那么多可供作为参照物的建筑。虹桥路，成为当时人们参照定位区域位置时的一个重要地标。相应的，这也解释了为何到了20世纪80年代后，立信会计本身并未搬迁，但这一时期关于它的位置信息表述中，就已经不再能见到“虹桥路”。

随着新校舍的建成，立信会计办学规模不断扩大，至1948年秋天，已经形成了兼备大专、中专、补习教育、函授教育在内的多层次、全方位的办学体系。1952年全国院系调整时该校并入其他高校。1980年复校，1992年更名为立信会计高等专科学校，2003年成立上海立信会计学院，2016年又与原上海金融学院合并组成上海立信会计金融学院。

---

① 上海市城市建设档案馆馆藏档案：D（03-93）0019460101。

三、虹桥路也有老字号：道路东段轻工业的发展

受到各种因素的影响，当下对于虹桥路历史风貌的关注更多聚焦于其乡间风光与花园住宅这一面，但如前文所述，近代，尤其是自 20 世纪 20 年代之后，虹桥路沪杭甬铁路以东路段的风貌特征，早已不仅仅只是单纯的田园风光。学校、商铺、公墓的不断出现，加上其靠近徐家汇一带传统市镇徐镇老街的有利条件，令周边业态愈加丰富，这其中，也包括了逐渐在此兴起的食品加工、纺织业、石材业等轻工业门类。部分我们至今仍耳熟能详的中华老字号，就曾在虹桥路上发展壮大，成为上海乃至全国闻名的品牌。因此，了解他们在虹桥路的发展史，不仅能够令我们对这些品牌的往事有更深入认识，亦能补全虹桥路历史风貌更多面相。

1947 年的《上海市行号路图录》完整呈现了虹桥路自东首至沪杭甬铁路这一段沿线的功能分布：番禺路以西路段，除道路北侧有交大校园外，其余沿街部分多为商铺、住宅。在商铺、住宅的后侧，则散布有不少工厂、作坊，其中尤以纺织厂居多。根据行号路图录显示的厂房大小，结合工厂的名称，可以判断这些纺织企业的规模并不太大，且往往每家工厂多专注于某几道工序，或聚焦于某一类产品，如经昌染织厂、恒源染织厂、一鸣织造厂、大中织造厂、辛成布厂、五福绸厂、美纶防水织物厂等。当然，除纺织业之外，其他产业门类的中、小型工厂在这一区域也分布广泛，如福新火柴厂、华利牧场、虹桥牧场、华光化学厂、嘉美成纽扣厂、南信药厂、汪森记营造厂、徐庆昌机器厂、华乐烟草公司、茂昌眼镜公司，等等，[①] 产业类别十分丰富。

① 《上海市行号路图录下册》，第 97 图，《中国近代建筑史料汇编（第三辑）——上海市行号路图录（第四册）》，上海：同济大学出版社，2009 年。

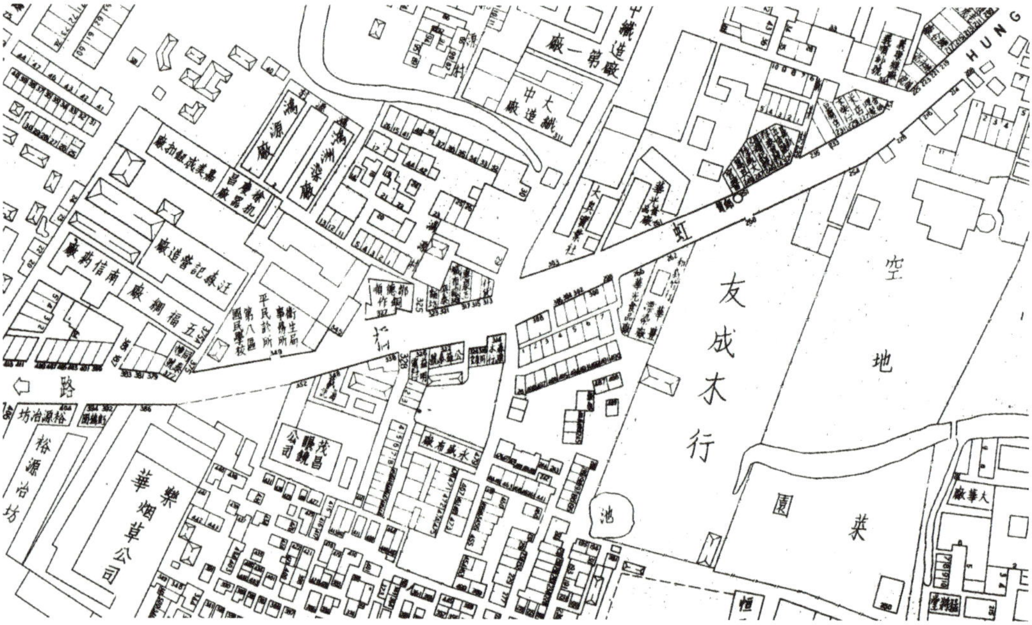

虹桥路东首聚集大量规模不一的工厂作坊
【来源◎《上海市行号路图录下册》，1947 年，第 97 图】

相较于番禺路以东路段工厂规模较小，且多位于沿街商铺、住宅后侧，虹桥路自番禺路至沪杭甬铁路这一段沿线的工厂则多直接开设于道路两侧，其中，食品工业是一个较为突出的行业。路北侧近沪杭甬铁路处，有农林部上海实验经济农场第二牧场，其场址前身即为日商牛奶公司爱光社。道路南侧则有上海乳品公司制造厂、红星牛奶公司等，除此之外，著名的梅林食品厂也位于虹桥路南侧，厂门与农林部上海实验经济农场第二牧场隔路而望。除了牛奶公司，该区域里还有天丰造纸厂、兴华烟公司等其他规模较大的工厂及其职工宿舍。由于紧靠虹桥公墓，该路段大理石厂、花房也较多，后文第六节中还将提及，此处不再赘述。①

可以说，迟至 20 世纪 40 年代末，虹桥路自沪杭甬铁路以东路段，已

① 《上海市行号路图录下册》，第 108 图、110 图，《中国近代建筑史料汇编（第三辑）——上海市行号路图录（第四册）》，上海：同济大学出版社，2009 年。

经聚集了一大批规模不等的轻工业企业。虹桥路的交通优势与相对较低的地价，是促成这一状况的重要原因，反过来，由于产业的发展，周边住宅建筑也随之增多。1947 年版的《上海市行号路图录》成为了虹桥路东段近代历史风貌多样性与复杂性的直观体现。

便捷的交通，是轻工业企业落户虹桥路东首的重要原因。除了虹桥路外，周围包括中山路、大西路（今延安西路）在内的众多城市主干道在 20 世纪 10 年代之后陆续辟筑完成，构成了较为便捷的陆路交通网。与此同时，流经虹桥路周边的蒲汇塘、漕河泾等河流，亦是当时的水路交通动脉。便利的水陆交通，为原料、产品的运输助力不少，对轻工业区在此集聚提供了有利条件。

除了拥有交通之利，当前虹桥路最东段即昔日徐镇老街一带，自近代之前就已是徐家汇地区重要的市镇，人气颇旺。人口在此聚集，为虹桥路东段发展轻工业提供了一定的劳动力保障和生活、生产配套。而另一方面，虹桥路位于上海西区的独特状况，也对某些轻工业门类的发展，提供了诸多助力，乳品工业就是其中典型。

自 20 世纪初以来，如今的长宁区、徐汇区一带就汇聚了沪上不少牛奶公司。今淮海中路 1555 号上海图书馆所在的位置，当年就是申城最大的牛奶品牌可的公司牛奶棚所在地。[①] 除此之外，坐落于忆定盘路（今江苏路）的华德牛奶公司、牛奶棚设于中山西路的丽园农场、惇信路（今武夷路）上的丹商上海牛奶公司、大西路上的生生牧场，都是当时上海知名的中外资牛奶公司。[②] 这些牛奶公司的位置，距离虹桥路都只有一箭之遥，虹桥路东段，正处在这个产业聚集圈内，这无疑对爱光社等牛奶公司落户虹桥路，产生了一定的影响。

与此同时，牛奶消费作为一种舶来品，最初的消费人群以外侨为主，之后逐渐扩展到受过良好教育，具有一定经济基础的中产阶级华人群体。

---

① 章斯睿：《塑造近代中国牛奶消费》，上海：上海社会科学院出版社，2020 年，第 82 页。
② 曹伟：《上海滩牛奶棚地图与变迁：淮海路曾传来奶牛哞哞》，澎湃新闻，2020 年 7 月 26 日，https://www.thepaper.cn/newsDetail_forward_8447635，2021 年 7 月 4 日访问。

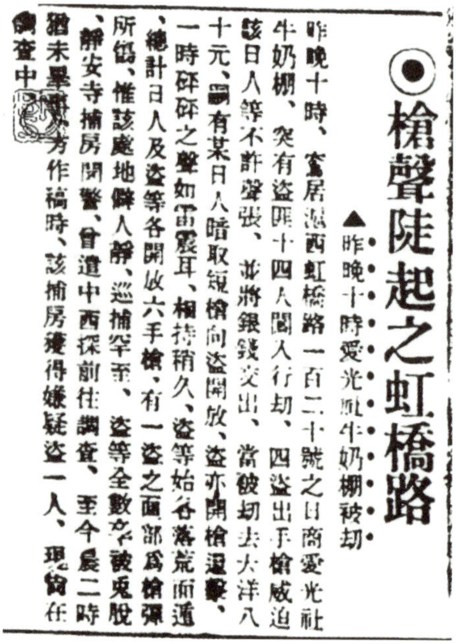
槍聲陡起之虹橋路

▲昨晚十時愛光社牛奶棚被劫

昨晚十時、滬西虹橋路一百二十號之日商愛光社牛奶棚、突有盜匪十四人闖入行劫、四盜出手槍威迫該日人等不許聲張、並將銀錢交出、當被劫去大洋八十元、嗣有某日人暗取短槍向盜開放、盜亦開槍還擊、一時砰砰之聲如雷震耳、相持稍久、盜等始各落荒而遁、總計日人及盜等各開放六手槍、有一盜之面部爲槍彈所傷、惟該處地僻人靜、巡捕罕至、盜等全數卒被兔脫、靜安寺捕房聞警、曾遣中西探前往調查、至今晨二時猶未畢、[illegible]方作稿時、該捕房獲得嫌疑盜一人、現尚在偵查中

关于爱光社遭遇抢劫的报道

【来源◎《时报》，1926 年 9 月 7 日】

靠近虹桥路东段的法租界西区，即今衡山路—复兴路历史文化风貌区这一区域，正是前述人群青睐的居住所在。在当时的运输、储存条件下，牛奶作为一种容易变质的食品，必须在消费者居住地周边生产方能确保产品质量，这也从另一个角度解释了为何虹桥路东段会聚集了多家牛奶公司。

城市发展的总体脉络，悄然间影响着虹桥路沿线的产业布局，进而塑造了这条道路的风貌特点，而与此同时，从虹桥路成长、发展起来的一些品牌，也影响着上海这座城市以及生活在其中的人们的日常生活。

梅林，有着超过 90 年历史的“中华老字号”，以调味品、罐头食品闻名全国，成为几代上海人的共同记忆。梅林公司 20 世纪 20 年代末创办于上海法租界蓝维蔼路（今肇周路）德祥里 13 号的一处石库门中，主打生产番茄沙司，因口味不逊美国产“台尔蒙”牌番茄沙司，价格则优势明显，很快畅销沪上。到了 1930 年 7 月，创始人石永锡、戴行水等拿出积蓄并向银行贷款，正式成立梅林罐头食品厂，1933 年 5 月又有冯义祥、屠开泰等注资，成立梅林罐头食品有限公司。为适应公司发展，是年将工厂迁至虹桥路，开启了梅林的虹桥路时代，[1] 厂址具体位置即今卓信商务大厦一带。

① 贾彦主编：《上海老品牌》，上海：上海辞书出版社，2016 年，第 81、82 页。

虹桥路上的梅林罐头食品厂

【来源◎上海市徐汇区档案馆编：《百年影像历史回眸 中西交融的徐家汇》，上海：上海锦绣文章出版社，2009 年】

需要特别说明的是，关于梅林公司在虹桥路的具体门牌号，当前众多叙述中多采用的“虹桥路 808 号”，不错误，但并不全面。由于虹桥路越界筑路道路的特殊性，梅林公司虹桥路工厂同时使用两个不同的门牌号，808 号为华界当局所订立的门牌号，此外还有公共租界当局订立的门牌号 119 号，20 世纪 30 年代梅林公司的广告中也多将此二者同时刊载，[①] 这一门牌号的“怪相”，也是虹桥路市政管理体制的真实写照。

①《新闻报》，1933 年 9 月 10 日，第 3 版。

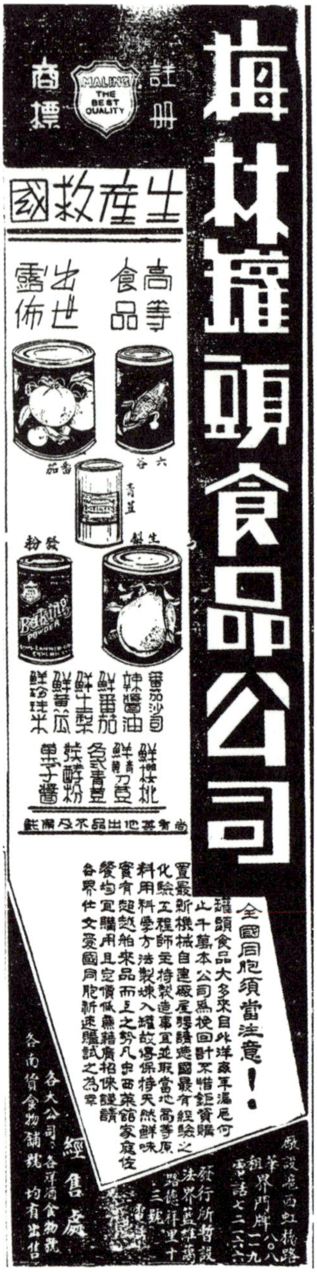

梅林公司广告，特别提到了两个门牌号

【来源◎《新闻报》，1933 年 9 月 10 日】

从 1933 年将工厂搬至虹桥路，到 20 世纪 60 年代整体迁往杨浦区军工路，梅林公司在虹桥路前后经过了 27 年的发展，产品品类也从最初主打番茄沙司，扩展到了不少中国的传统菜肴，如红烧牛肉、干菜肉、冬菇鸭、凤尾鱼、什锦酱菜罐头等，除此之外，如今依然流行沪上的泰康黄牌辣酱油的前身梅林辣酱油，也是在这一时期赢得消费者的青睐，逐渐占据上海市场。[①] 拓展本地市场的同时，梅林还积极走出上海，走向世界。1934 年美国芝加哥世博会上，梅林罐头食品获得了“大会感激”评价和“成功合作”的证书。之后又远销东南亚，并在 1940 年代之后进入欧美市场。[②] 梅林公司在虹桥路期间取得长足的发展，这一点从上海市城市建设档案馆馆藏档案中亦可见一斑。根据档案中透露的信息，1945 年 9 月抗战胜利后不久，梅林公司即向上海市工务局申请建造三层仓库一座，并将原有建筑的木楼板及屋顶改建为钢筋水泥结构。上述工程由蒋文杰设计师设计，新建的仓库高 3 层，坡顶，具有一定规模。[③] 综上所述，我们既能看到梅林公司当时蒸蒸日上的发展趋势，亦能由此对虹桥路东段的轻工业发展情况有更为全面的认识。

---

① 《福尔摩斯》，1935 年 11 月 10 日，第 1 版。

② 贾彦主编：《上海老品牌》，上海：上海辞书出版社，2016 年，第 82 页。

③ 上海市城市建设档案馆馆藏档案：D（03-08）0019450004。

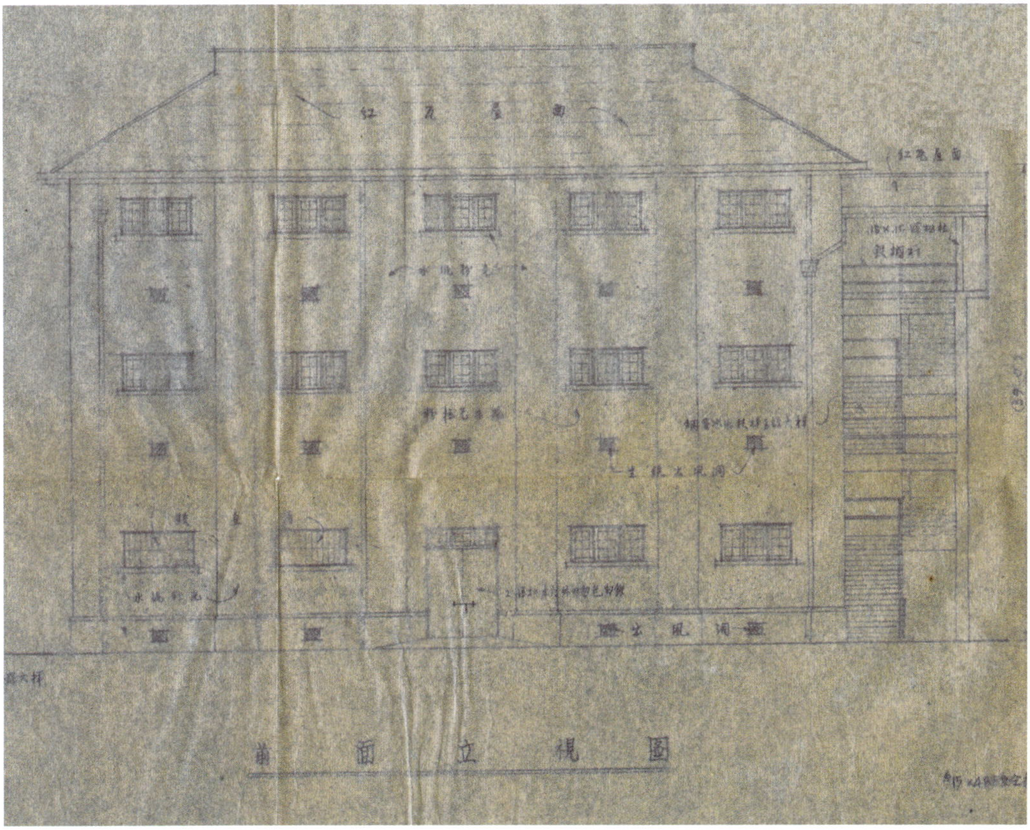

梅林公司新建仓库立面设计图

【来源◎上海市城市建设档案馆馆藏】

除了梅林，虹桥路上另一家中华老字号则是茂昌眼镜公司。创立于1923年的茂昌眼镜始业于上海老城厢的老北门旧仓街，最初以批发业务为主，所产白锑镜盒，轻巧美观，出口东南亚各国，颇受欢迎。继而通过引进国外验光、配镜设备，聘请留美验光师，举行免费眼光活动等举措，在零售市场也逐渐积累良好的口碑。其独家代理德国蔡司镜片、并引入“雷朋镜”、高档K金镜架，并开创电话订货、来函邮购等服务，使茂昌眼镜蒸蒸日上。[①] 1934年10月，茂昌在今南京东路云南路口开设门店，跻身十里洋场繁华所在。[②] 抗战胜利后，茂昌眼镜业务进一步发展，在上海的南京路（今南京东路）、林森路（淮海路），南京太平路杨公井都开设门店。[③] 在此背景下，其也在沪西虹桥路东端购置厂房，以适应进一步的发展。

茂昌眼镜公司虹桥路厂房为位于虹桥路南侧，门牌号为虹桥路352号，大致位置在今虹桥路广元西路路口东北角。周围多为平房，西侧为华乐烟草公司厂房，路北侧则是卫生局事务所平民诊所、第八区国民学校。[④] 根据《行号路图录》所反映的信息，茂昌眼镜公司厂房规模不大，在虹桥路东段一众工厂中并不显眼。但依靠在太平洋战争爆发前投存于美国供应商处的资金，茂昌在抗战胜利后得以迅速购入大量K金架、进口镜片坯料等原材料，[⑤] 进而在1947年大规模通货膨胀发生后免受原料采购之困，大批产品从虹桥路工厂源源不断地运往上海乃至全国各地，为茂昌赢得了大量的市场。

---

① 张庶平，张之君主编：《中华老字号 第1册》，北京：中国轻工业出版社，1993年，第235页。
② 《茂昌眼镜公司支店开幕》，《社会日报》，1934年10月2日，第1版。
③ 《申报》，1948年2月29日，第2版。
④ 《上海市行号路图录下册》，第97图，《中国近代建筑史料汇编（第三辑）——上海市行号路图录（第四册）》，上海：同济大学出版社，2009年。
⑤ 张庶平，张之君主编：《中华老字号 第1册》，北京：中国轻工业出版社，1993年，第234-235页。

四、从纸猎赛马到高尔夫球场

1843 年上海开埠后不久，赛马运动就随英国人来到这座城市。1848 年春天，位于今河南中路南京东路口的“第一跑马场”被圈定，随之而来的则是上海近代首次正式的赛马比赛。1854 年、1862 年，跑马场的两次迁移与扩大，证明了赛马运动在上海渐受欢迎，[①] 比赛场地跑马厅也逐渐成为这座城市的中心地标。除了在跑马厅里举办的场地赛马，以英国人为主的外侨社群对于另一种赛马形式同样情有独钟，这就是“paper hunting”，即纸猎赛马等。这是英国人在海外发明的一种没有狐狸的情况下开展的猎狐运动，由一人扮作狐狸，在野外撒上纸片作为“兽迹”，参赛者骑马循迹而来，先到终点者获胜。[②]

关于纸猎赛马在上海发展、演变与影响，前文第一章中已作详细介绍，此处着重论述这项运动对于虹桥路空间变迁的影响。

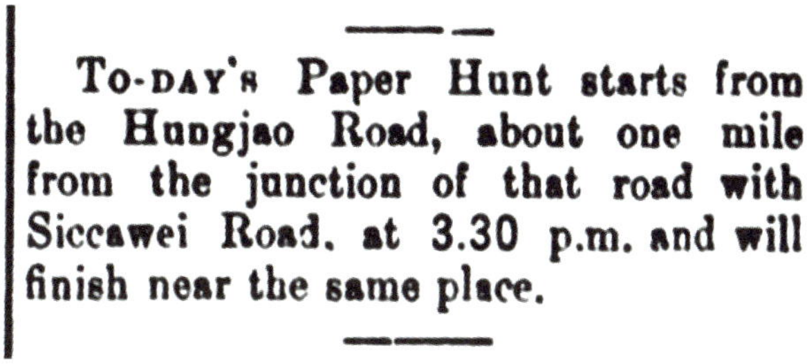

TO-DAY'S Paper Hunt starts from the Hungjao Road, about one mile from the junction of that road with Siccawei Road, at 3.30 p.m. and will finish near the same place.

关于虹桥路一带进行纸猎赛马活动的报道

【来源◎《字林西报》，1909 年 12 月 18 日】

① 张宁著：《异国事物的转译：近代上海的跑马、跑狗与回力球赛》，台北：中央研究院近代史研究所，第 12 页。

② 王孝俭主编：《上海县志》，上海：上海人民出版社，第 1043 页。

纸猎赛马运动在沪西地区的开展，为虹桥路的辟筑埋下了伏笔，而随着这项运动的持续开展，也影响着虹桥路沿线风貌的形成。1900 年前后，有英国侨民在今上海动物园一带购地 19.5 亩开设老裕泰马房，为洋行大班寄养赛马，也培育赛马出售，因业务发展迅速，至 1910 年时占地扩大到 100.5 亩，马匹数量由 10 余匹增加到上百匹。[①] 1914 年老裕泰马房业主病故，马房为怡和洋行、太古洋行、汇丰银行等 8 家英商大班购下，改建为虹桥杓球俱乐部，即高尔夫球场。为了适应高尔夫球赛事需要，场地进一步扩大，1916 年时球场占地 150 亩，到了 1930 年占地已达 416 亩，有 18 个球洞，会员约 250 人，多为洋行大班，球场还设有酒吧间、休息室等，成为当时上流外侨群体的重要活动场所。[②]

高尔夫球场选址于今上海动物园之处，既受到老裕泰马房业主病故这一偶然事件的影响，亦有其背后的内在逻辑。作为高尔夫球场，需要为会员提供一个远离城市喧嚣的休闲所在，这项运动本身的特点，又决定了其需要大量的土地。在此情况下，位于上海西郊乡村之地，土地价格在当时还较为低廉的虹桥路西端无疑是一个理想的选择。

与此同时，之所以这座高尔夫球场会在 20 世纪 10 年代中期在虹桥路西端建立，另一个因素同样无法忽视，这就是汽车在上海的不断增加。1902 年前后，汽车首次传入中国并在上海获得租界内的行驶执照。1911 年，上海已有汽车数百辆，到了 1925 年，全市已有 4083 辆汽车，其中轿车 3426 辆、卡车和公共汽车 657 辆。[③] 交通工具的迭代，大大扩大了人们的活动范围，虹桥杓球俱乐部也才有可能获得稳定的客源，得以逐渐成为近代上海最重要的高尔夫球活动场地之一，并在一定程度上扮演了 20 世纪 20 年代之后虹桥路沿线逐渐出现的花园别墅住宅的“先驱”角色。值得一提的是，除了汽车，虹桥杓球俱乐部还曾与另一种时髦的交通工具——

① 王孝俭主编：《上海县志》，上海：上海人民出版社，第 1043 页。
② 中国人民政治协商会议上海市长宁区委员会文史资料委员会编：《长宁文史资料第 8 辑》，1992 年，第 107 页。
③ 李云波：《国民政府的汽车动员与上海八一三抗战》，张剑，江文君编：《现代中国与世界第 1 辑》，上海：上海书店出版社，2018 年，第 78 页。

1938 年一位太古洋行的高管正在虹桥杓球俱乐部打球
【来源◎上海市地方志办公室编，沈思睿主编：《方志上海微故事 变迁与更新的印象》，上海：学林出版社，2019 年】

飞机产生交集。1929 年，孙中山之子，时任南京国民政府铁道部长的孙科亲自乘机从虹桥杓球俱乐部的草坪起飞，勘测由上海至南京的航线，历经 2 小时的飞行，最终成功抵达南京，一时传为佳话。[①]

1953 年，虹桥杓球俱乐部英籍业主将球场及附属建筑转让上海市人民政府，经改建后于 1954 年更名西郊公园对外开放。1954 年 6 月，国务院办公厅通告上海市人民政府，将云南西双版纳傣族人民献给毛泽东主席的一头大象交给上海饲养展出。技术人员与苏联专家在踏勘了西郊公园、龙华苗圃、华泾长桥镇等三地后，决定将西郊公园扩建为动物园。至 1959 年建国十周年之际，初步形成大型综合性动物园的面貌。1980 年西郊公园更名上海动物园，现已发展为集娱乐休闲、动物知识普及、科学技术研究及野生动物保护四大职能的国家级大型动物园，成为虹桥路沿线重要的地标景点。

① 上海市孙中山宋庆龄文物管理委员会编：《史事与史迹 孙宋孔蒋家族在上海》，上海：上海辞书出版社，2017 年，第 188 页。

五、虹桥路苗圃：城市变迁的风向标

自诞生之日起，虹桥路就是近代上海城市化进程中重要的组成部分。整个辟筑过程的“人为化”与“规划性”对虹桥路的道路发展，沿线风貌变迁，始终都产生着重要的影响。另一方面，由于地处上海西郊，远离城市中心区域，当时的虹桥路总体还呈现为一派江南田园风光。以上两方面因素的综合作用下，令虹桥路沿线在近代出现了一些在其他历史风貌保护道路沿线甚少出现的机构，这其中，虹桥苗圃，无疑是一个典型。

1899 年 5 月，公共租界工部局首次设立了一个专门负责园林绿化的专门职位——公园与绿地监督，俗称园地监督。此举亦标志着工部局将此事项的重要性摆到了一个新的高度。而不久之后，该变化也对虹桥路产生了影响。1903 年，租界时期上海最大的苗圃，虹桥路苗圃建成。①

虹桥路苗圃位于原淮阴路南端与虹桥路交汇处，根据 1923 年《字林西报》出版的“Map Of Shanghai”这张地图显示，苗圃主体部分位于虹桥路北侧，路南侧另有面积较小的一部分。与当时上海一些苗圃多属于私人不同，虹桥路苗圃为工部局直属机构，因此其在建成之初就达到了 100 亩的规模，这在当时的上海可谓首屈一指。这一规模在此后还逐渐扩大，1921 年时，苗圃面积已达 120.43 亩。②

① 上海市绿化和市容管理局编著：《上海林荫道》，上海：上海人民出版社，2016 年，第 138 页。
② 程绪珂，王焘主编：《上海园林志》编纂委员会编：《上海园林志》，上海：上海社会科学院出版社，2000 年，http://www.shtong.gov.cn/Newsite/node2/node2245/node69854/node69863/node69899/node69942/userobject1ai69650.html，2021 年 4 月 7 日访问。

红框范围内即是虹桥路苗圃，可以看到具体位置处于淮阴路虹桥路路口
【来源© MUNICIPAL COUNCIL,《Plan of Shanghai & Environs》,1933 年】

虹桥路苗圃的辟建，一个重要的“使命”就是种植花木供公共租界内的公园、道路绿化使用，这与近代上海城市发展建设过程中，市政当局对于绿化的重视有着密切的关系。1865 年，公共租界外滩种植了上海市区的第一列行道树，1868 年，法租界外滩也仿效这一做法。此后，租界内的多处道路都相继种植行道树，据 1887 年法租界公董局年报记载，其专门拨款规银 1000 两从法国购买了 250 棵悬铃木和 50 棵桉树，种植于法租界的码头、花园。从海外进口行道树的类似事例之后也多次发生。

随着城市规模的不断扩大，行道树的需求也与日俱增，树种完全依靠进口无疑成本过高。于是，在上海本地建立合适的苗圃成为两租界顺理成章的选择。在公共租界，虹桥路苗圃主要承担着乔灌木培育的任务，能够完成从树木的育种到作为行道树大苗出圃的全部环节。据记载，1926 年虹桥路苗圃培育的主要苗木就包括了悬铃木（Plantanus Orientalis）、伦巴底杨（Poplar Lombardy）、大叶杨（Poplar Large Leaved）、柳（Salix）、白蜡（Chinese Ash）、重阳木（Bischofia）、苦楝（Melia）、合欢（Acacia Mimosa）、柿（Persimmon）、漆树（Varnish Tree）等多个品种。[①]

① 王云著：《上海近代园林史论》，上海：上海交通大学出版社，2015 年，第 146-147 页。

虹桥路苗圃一角
【来源◎《晶报》，1934 年 10 月 20 日】

当然，这样的情况也并非一成不变。伴随着上海城市面貌变迁而诞生的虹桥路苗圃，其发展历程也时刻受到这座城市发展步伐的影响。进入 20 世纪二三十年代，随着中国地方政府采取多种措施遏制租界扩张并取得明显成效，无论是公共租界还是法租界，新辟筑道路的数量较之过往明显减少，种植新的行道树逐渐不再是绿化工作的重点。在此情况下，虹桥路苗圃在规模、功能性质上都出现了变化。1925 年，淮阴路的辟筑，占去了虹桥路苗圃的部分区域。1927 年前后，工部局又在此新建电话分所、肺病疗养院，进一步使苗圃面积被压缩。基于公共租界各公园、绿地对于观赏性植物需求的增多，1929 年开始，虹桥路苗圃开辟除了专门的爬藤植物种植区。1930 年后，苗圃再以虹桥路为界，路北种植乔灌木，路南则种植各类花卉植物，原本以乔灌木栽种为主的定位至此已完全被颠覆。[①] 与此同时，虹桥路苗圃在 20 世纪 30 年代还将局部区域对外开放，成为当时上海重要的郊游之地，每年春秋两季，都能吸引众多的游客。据统计，至 1935 年时，整座苗圃的面积约 85.36 亩。[②]

① 王云著：《上海近代园林史论》，上海：上海交通大学出版社，2015 年，第 225-226 页。
② 王云著：《上海近代园林史论》，上海：上海交通大学出版社，2015 年，第 149 页。

唐鸣时携子在虹桥路苗圃留影
【来源◎《晶报》，1934 年 10 月 19 日】

1937 年，抗战爆发后，虹桥路苗圃被日军占领，大批苗木花卉遭到破坏，损失严重。据伪政府有关机构统计，虹桥路苗圃内被锯掉运走的树木达到 1914 棵[①]。抗战胜利后，虹桥路苗圃被改名为上海特别市第一苗圃。1949 年中华人民共和国成立后，位于虹桥路南侧的苗圃土地改为他用，路北侧的土地则在 20 世纪 60 年代后被征用，逐渐演变成如今西郊宾馆的一部分[②]。

时过境迁，昔日公共租界工部局下属最大的苗圃虹桥路苗圃如今已鲜为人知，然而其对于这座城市的影响却并没有消失。无论是中心城区众多的林荫道，还是西郊宾馆令人津津乐道的幽静环境，这些已经成为了人们耳熟能详的城市标签，成为了这座城市不可分割的一部分，而这一切的起源，正是曾经的虹桥路苗圃。

① 邢建榕，庄志龄，陈正卿编著，上海市档案馆编：《日军占领时期的上海》，上海：上海人民出版社， 2007 年，第 215 页。
② 程绪珂，王焘主编，《上海园林志》编纂委员会编：《上海园林志》，上海：上海社会科学院出版社， 2000 年，第 493 页。

六、沪人身后埋骨地：虹桥路的公墓

从高尔夫球场到苗圃，大面积的“绿地”始终是近代虹桥路沿线风貌中重要的组成部分，除了这两者之外，虹桥路沿线另一类至今依旧存在的特殊“机构”，同样也为这一风貌的形成发挥了重要作用，那就是公墓。

万国公墓、虹桥公墓是虹桥路沿线的两座知名公墓，无论从规模还是影响力上，两者在近代上海历史上都具有无可替代的地位。虹桥路本身的环境风貌特征、地理区位，是两座公墓选址于此的重要原因。而两座公墓在虹桥路的建立，反过来又影响着周边沿线区域的产业格局，并赋予了虹桥路以无可替代的人文内涵。

（一）万国公墓

万国公墓是虹桥路沿线建成最早的公墓，1909 年 10 月由浙江商人经润山筹建，在今虹桥路、凯旋路西侧一带购买土地 20 余亩，至 1914 年已有墓穴千余。[①] 当时该公墓名为薤露园。薤露者，指薤叶上的露水，一瞬即逝，含意人生短促。

经润山在这个时期投资建造公墓，与近代上海城市发展有一定的关系。1843 年上海开埠后，尤其是经过太平天国运动的影响，19 世纪中期之后人口快速增长，其中多数均为外地来沪谋生并逐渐定居的人群，经过半个多世纪的发展，至 20 世纪初，最初来到上海定居的这批外乡人渐次去世，

① 姜梁主编，上海市长宁区志编纂委员会编：《长宁区志》，上海：上海社会科学院出版社，1999 年，第 1011 页。

位于万国公墓中央的纪念堂
【来源◎《蜀评》，1925 年第 6 期】

除了部分归葬桑梓之外，另一些人亦开始将上海作为自己的埋骨所在。与传统农村不同，身居城市化的上海，人们不可能埋骨于自家田地或是山坡，公墓逐渐成为刚需。

1916 年，经润山去世，紧邻的沪杭甬铁路占去薤露园部分土地，为公墓未来发展计，经润山之妻汪国贞在薤露园以西，虹桥路南、张虹桥一带（今宋庆龄陵园）购地 55 余亩，将薤露园迁移至此。当时的上海，诸如静安公墓、八仙桥公墓等均主要面向外籍人士，汪国贞则一改陈规，将墓园取名“薤露园万国公墓”，意思就是不受国籍、种族、姓氏的限制，中外人士皆可入葬于此，后被人俗称为“万国公墓”。

万国公墓的迁建，对周边环境也产生了一定的影响。“张虹桥”，原是虹桥路南侧后浜上的一座石桥，周边村落以此得名。万国公墓建成后，墓园的东侧逐渐出现了一条南北向的泥路，到 20 世纪 20 年代，“张虹路”的俗称就渐已出现，此后又逐渐发展为煤屑路，[①] 1934 年正式定名张虹路，1984 年因宋庆龄陵园而更名陵园路，1994 年改今名宋园路。

万国公墓环境幽静，绿树成荫，四周小河环绕，正门前架有小桥，铁门上书薤露园万国公墓字样。公墓内有西式风格的纪念堂与仿苏州玄妙观的追思厅，中西合璧，富丽典雅，是当时上海第一流公墓。1930 年代初，万国公墓由上海特别市卫生局接办，更名为上海市万国公墓，之后规模持续扩大，至 1935 年已达 123 亩，为当时上海规模较大的公墓之一。[②]

对于虹桥路来说，万国公墓建立于此，不仅对周边环境产生了一定的影响，众多近代史上的名人安葬于此，为这条道路带来了丰富的人文内涵。据不完全统计，这其中就包括了著名文学家、思想家、民主战士鲁迅及清末重臣曾任两广总督的岑春煊、上海招商局总办赵铁桥、宋氏三姐妹的父母宋耀如和倪桂珍、辛亥革命时期的活动家黎仲实等等。

1936 年 10 月 19 日，鲁迅去世。10 月 22 日下午 2 点半，灵柩从位于今胶州路的万国殡仪馆出发，包括蔡元培、宋庆龄、史良在内的送葬队伍绵延 1 公里多，经过爱文义路（今北京西路）、静安寺路（今南京西路）、大西路（今延安西路）、中山路（今中山西路），于党史下午 5 点抵达虹桥路万国公墓，蔡元培、宋庆龄、沈钧儒、章乃器、邹韬奋、内山完造、田军等先后发表纪念鲁迅的演说。最后由胡愈之诵读哀辞，章乃器、王造时等 4 人以一幅“民族魂”的黄绸旗覆盖灵柩，14 位作家抬棺落葬。鲁迅墓处于万国公墓东侧 F 区，占 8 穴位置。编号 406 到 413，每穴长 366 厘米，宽 183 厘米，总面积 53.6 平方米，形式简约。[③] 1956 年，鲁迅逝世 20 周年时，迁葬于虹口公园（今鲁迅公园）内。

---

① 上海市孙中山宋庆龄文物管理委员会编：《史事与史迹　孙宋孔蒋家族在上海》，上海：上海辞书出版社，2017 年，第 225 页。

② 向明生编著：《殡葬习俗与指南》，上海：上海文化出版社，1992 年，第 67 页。

③ 上海鲁迅纪念馆编：《上海鲁迅研究　鲁迅与左翼作家》，上海：上海社会科学院出版社，2018 年，第 288 页。

万国公墓旧影

【来源◎《蜀评》，1925 年第 6 期】

1937 年抗战爆发后，万国公墓遭到严重破坏，纪念堂内的家具设置及园内大树遭到日军的抢劫、盗伐。此后，公墓被汪伪政权接管，抗战胜利后又由国民政府市政当局管理。1949 年后，上海市人民政府卫生局接管公墓，后划归市民政局，其时有墓葬 2600 余座。“文化大革命”初期，公墓遭破坏，墓葬被砸毁，花木、建筑受损严重。改革开放后，公墓恢复原有规模，并做了一定的扩大。1981 年宋庆龄去世后，在万国公墓的原址上建成宋庆龄陵园，并在园中设有外国人墓园、名人墓园等。①

① 姜梁主编，上海市长宁区志编纂委员会编：《长宁区志》，上海：上海社会科学院出版社，1999 年，第 1011 页。

（二）虹桥公墓

与万国公墓为华人创办不同，虹桥路上另一座著名的公墓——虹桥公墓则是由公共租界工部局所建立。[①] 始建于 1926 年的虹桥公墓最初分为两个区域，合计面积约有 120 亩。今虹桥路北侧、番禺路西侧、淮海中路以东的这片区域为其西区，即最初的虹桥公墓（Hung Jao Cemetery）。今番禺路东侧则是其东区，因番禺路旧称哥伦比亚路，因此被称为哥伦比亚公墓（Columbia Road Cemetery）。虹桥公墓对于入葬对象并无过多限制，中外人士皆能埋骨于此，而面积较小的哥伦比亚公墓则主要针对犹太社群。1945 年后，两处公墓合并，沿用虹桥公墓之名。[②] 主管部门也从租界时代的工部局，变成了上海市政府卫生局。

① 曹伟：《上海公墓往事》，澎湃新闻，2019 年 4 月 5 日，https://www.thepaper.cn/newsDetail_forward_32566772021 年 7 月 2 日访问。
② 薛理勇主编：《上海掌故辞典》，上海：上海辞书出版社，1999 年，第 402 页。

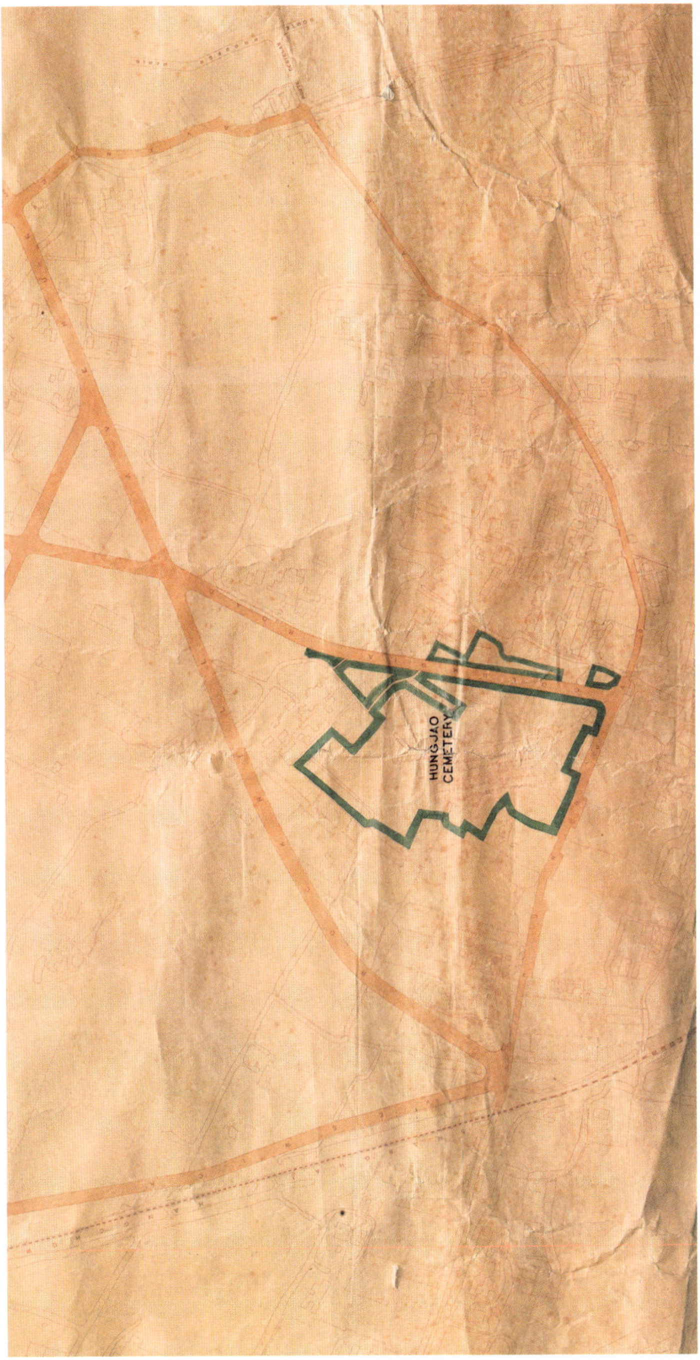

虹桥公墓范围示意图（20 世纪 20 年代末 -20 世纪 30 年代）

【来源◎上海市城市建设档案馆馆藏】

位于虹桥路番禺路口的虹桥公墓，规模颇大
【来源◎天地图，1948 年】

回到 20 世纪二三十年代，虹桥公墓这一选址，有以下几个合理性：首先，当时的虹桥路较之租界核心区域，仍有大片未开发土地，且地价较为低廉，能够满足公墓对于土地的较大需求。其次，虹桥公墓位于虹桥路的东段，当时周边的路网已经逐渐成型，交通较为便利，选址于此，能便于安葬、祭扫。第三，由于距离中心城区较远，公墓可以规避卫生、风俗等方面的问题。

虹桥公墓的建立，也对周边业态产生了不小的影响，根据 1947 年版的《上海市行号路图录》，公墓周围聚集了包括建国石厂、上海大理石厂、建华大理石厂、虞宝和石厂在内的大小石厂 10 余家，这些厂家之所以会集中于此，虹桥公墓显然是一个重要因素。

与万国公墓一样，作为近代上海重要的公墓，安葬于虹桥公墓的知名人物也不胜枚举，如沪江大学校长刘湛恩、著名报人邹韬奋、革命烈士茅丽瑛、犹太商人著名慈善家艾里·嘉道理（Elly Kadoorie）等。中华人民共和国成立后，上海市人民政府又将红色作家蒋光慈、李白及一同殉难的12位烈士、法电六烈士、王孝和烈士等众多革命先烈的遗骨迁葬于此，辟出了专门的虹桥公墓烈士区。[①] 20世纪60年代，虹桥公墓改作他用，部分先烈墓被移至上海市烈士陵园，后又迁至上海市龙华烈士陵园。虹桥公墓原址则部分建造了住宅，另有部分区域则为今天的番禺绿地，仍旧是虹桥路沿线一抹亮眼的城市绿肺。

①《上海工运志》编纂委员会编：《上海工运志》，上海：上海社会科学院出版社，1997年，http://www.shtong.gov.cn/dfz_web/DFZ/Info?idnode=56429&tableName=userobject1a&id=43149，2021年5月12日访问。

七、静养佳地：虹桥路上的疗养院

坐拥申城西郊良好的自然环境，加上虹桥路本身便捷的交通条件，20世纪20年代开始，虹桥路成为了沪上富裕阶层郊游、休养的重要选择。一些医疗卫生机构也看中了这块风水宝地，在虹桥路沿线建立起疗养院，这其中就包括了基督教上海卫生疗养院和虹桥疗养院。

（一）基督教上海卫生疗养院

基督教上海卫生疗养院位于罗别根路（今哈密路）1713号，在新泾港西侧，上海动物园东、夏家浜南侧，由美国基督教安息会建造。1918年该团体就曾筹划在罗别根路创办卫生疗养院，因第一次世界大战刚结束，各国经济尚未复苏，资金筹集遇到困难被推迟。1922年11月，安息会传教士米勒耳再次到上海，与蓝得胜一起筹建上海卫生疗养院。该院初始附设于华山路红十字会医院，后迁霞飞路（今淮海中路）。1927年在罗别根路觅得空地约40亩，上海卫生疗养院正式开建并于1929年初开业，除精神病、传染病外均可就诊。

主体建筑是一栋三层西式医疗大楼，大楼南侧和东侧均有白色柱廊，走廊为彩色水磨石地面，阳台栏杆均为水泥花瓶小柱，白色的阳台、窗套，建筑个性突出，东侧门廊汽车可直接停在大楼门口。在这幢主柱东南角台基上镶嵌着一块花岗岩石碑，镌刻着“THIS STONE WASLAID JAN 9TH 1927”，证实该建筑始建于1927年。[①]

① 张长根主编：《上海优秀历史建筑 长宁篇 2》，上海：三联书店，2007年，第215页。

礼拜堂今貌

【来源©上海市城市建设档案馆编：《城市的记忆——上海市历史文化风貌区（中心城区）》，上海：上海人民出版社，2014年】

除主体建筑外，南面还有一座礼拜堂，建筑面积约300平方米，供这里的教友做礼拜使用，高1层，拜占庭式建筑，陡坡屋顶，红机砖墙硅水勾缝，水泥砂浆粉白色门窗框套线，主入口大门朝南，两侧窗门呈双弧形拱顶，彩色压花玻璃镶嵌。当时主要的医务人员都住在罗别根路东侧的住宅区内。疗养院内绿树成荫，到处是近百年的香樟、槐杨，大草地一片郁有葱。基督教上海卫生疗养院以疗养为主，治疗为辅，收费昂贵，均以美金计算，因此住院病人大都是当时上海的富商、巨贾和政府官吏，如孔祥熙、宋子文、王宠惠、宋美龄及其母亲倪桂珍等都常在这里疗养。抗日战争中，该院遭受严重破坏。抗战胜利后，教会拨款重建，至1948年5月复业，由中国人刘启承任院长。上海市城市建设档案馆就保存有这一时期该疗养院建造的两栋二层建筑的设计图纸，根据图签上的信息可知，这两栋建筑的设计者为中国建筑师徐敬直。[1] 1951年疗养院由中国人民解放军接收。

① 上海市城市建设档案馆馆藏档案：D（03-93）0019480114。

（二）虹桥疗养院

与基督教上海卫生疗养院不同，位于今虹桥路上海血液中心位置的虹桥疗养院从发起创立，到建筑的设计、营造，都由中国人担纲。20世纪30年代，肺结核一直都是中国最致命的传染病之一，不少小说、戏剧、电影中主人公咯血而亡的情节，正是这一疫病流行的真实写照。因此，以肺结核为核心的肺病防治也成为当时医疗工作的重点之一。

虹桥疗养院由沪上名医丁福保、丁惠康父子于1932年筹建，是旧时上海滩首屈一指的肺病治疗康复机构。丁福保，无锡人，1874年出生，曾任无锡竢实学堂算学教习，后因罹患肺结核，转而钻研医学，编著《肺病指南》《肺病预防法》《肺病疗养法》等书，同北京的卢永春并称为中国防痨界的两位先驱。1934年6月，虹桥疗养院竣工，项目由启明建筑师事务所奚福泉设计，安记营造厂承造，包括一栋4层主楼和一栋1层副楼，均为钢筋混凝土结构。虹桥疗养院建筑呈典型的现代派风格，被建筑史家普遍认为是中国近代史上“最具代表性的现代主义建筑”。①

① 郑时龄著：《近代上海建筑风格》，上海：上海教育出版社，1999年，第265页。

虹桥疗养院全景鸟瞰效果图

【来源◎《中国建筑》，1934 年第 2 卷第 5 期】

4层主楼的退台式设计是虹桥疗养院的最大特色。每高一层，阳台就向内退入六七尺，确保了每间病房都能获得充足的阳光，符合当时肺结核治疗中流行的“日光疗法”，也体现了现代主义建筑注重实用的设计理念。除了退台式设计，虹桥疗养院在其他细节上也充分体现了对病人需求的关注。为了降低噪音，疗养院内包括病房、诊室、走廊等处都铺设了橡皮地板。而为了丰富病人的精神生活，主楼平台东侧专门还设有音乐室一间，配备无线电、钢琴，以供消遣。①

1934年6月17日，虹桥疗养院正式揭幕，时任上海市市长吴铁城亲临现场剪彩，社会名流如孙科、杜月笙等也捐赠了太阳灯（当时治疗肺结核的重要设备）、化验器材，成为上海滩一时之新闻。虹桥疗养院开业后，除了收治肺结核病人以外，还配合中国防痨协会开展胸部X光检查业务，定期发布检查结果，在当时产生了一定的社会反响，促进了结核病防治。② 1937年抗战爆发后，虹桥疗养院被迫停业，部分医疗设备无偿供给伤兵医院使用。上海沦陷后，沪西虹桥一带治安混乱，局势动荡，1938年，该院迁入法租界霞飞路继续开业。位于虹桥路的院址在抗战期间遭遇兵祸，受损严重。中华人民共和国成立后，此地先后作为中福会托儿所、上海船舶制造学校，上海市虹桥医院等，之后又演变成了如今的上海市血液中心。

---

① 曹伟：《虹桥疗养院：昔日肺结核防治重镇》，《联合时报》，2020年3月10日，第5版。
②《中华医学杂志（上海）》，1934 年第20卷第7期，第970-973页。

城市的记忆：

城建档案中的虹桥路（1901–1949）

虹　　　　桥　　　　路

外 编

（1901－1949）

一、徐镇老街

论及虹桥路，在今人眼中，这是一条可以直通徐家汇城市副中心的主干道。但事实上，虹桥路采用这样的道路走向，仅仅只是最近20多年的事情。如今的虹桥路广元西路以东路段，曾有另一个名字：徐镇老街（徐镇路）。1997年，徐镇老街拓宽修筑，同时更名，成为虹桥路的一部分。作为今世虹桥路的重要前生，徐镇老街有着悠久的历史，它的发展历程，则是一段“江南文化”的历史写照。

这条如今已经消失的徐镇老街，其实颇有来历。徐家汇，因徐光启家族而得名，清朝时最初名为徐家库，后因人口兴旺，商贩聚集，在19世纪上半叶改称“徐镇”。咸丰年间（1851-1861），徐镇路的前身南官路形成（官路即政府修建的道路），为当时去往七宝、泗泾等地的交通要道，沿路房屋渐多，民国后因此地已是集镇且居民大多姓徐，故改称徐镇路，周边众多小路所覆盖的地区也被纳入了广义上的徐镇老街。

由于人流众多，徐镇老街一带餐馆、食品店、水果店、米行、药房、布庄、杂货店等等鳞次栉比，很是热闹。特别是一些饭店，常常要营业到深夜方才打烊。由于靠近徐家汇天主堂，徐镇老街一带不少居民都信仰天主教。根据1947年版《上海市行号路图录》，徐镇老街东起衡山路、华山路、漕溪北路的交叉口，西接虹桥路，整条道路蜿蜒曲折，沿线多为住宅、商号，间有各类规模较小的纺织厂、食品厂、机器厂等，著名的徐汇公学的北墙亦是紧靠着徐镇老街。[①]

---

① 《上海市行号路图录下册》，第97图、第109图，《中国近代建筑史料汇编（第三辑）——上海市行号路图录（第四册）》，上海：同济大学出版社，2009年。

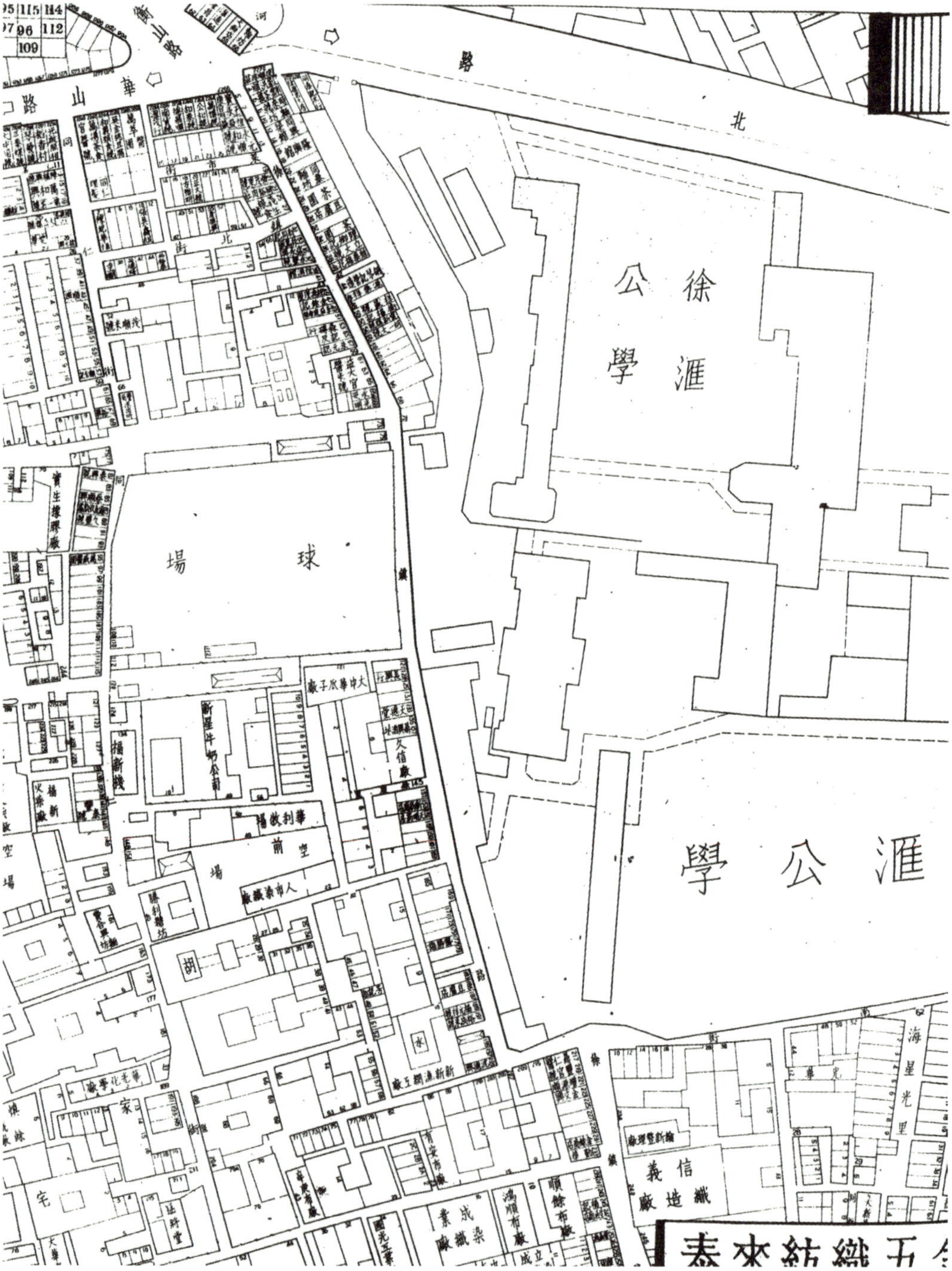

20 世纪 40 年代末，徐镇路沿线分布着大量的商铺、作坊

【来源◎《上海市行号路图录下册》，1947 年，第 96 图】

根据记载，徐镇老街1914年为片弹街路面[①]，1964年拓宽成沥青路面，后改建成沥青混凝土路面。从1949年后到20世纪90年代的这段时间里，其一直都是沟通宜山路和华山路的一条重要道路。道路被辟为虹桥路前，路东段有百年老饭店“同兴菜馆”等饮食店，中段有汉阳手帕厂、徐镇路街道办事处、经昌色织厂。西段为居民住宅，间有工厂、商店。在曾经的徐镇路70弄处原有大石桥（即东生桥）一座，中华人民共和国成立后逐渐湮没。据说曾留有《重建东生桥记》石碑一块。改革开放之后，很多沿街住户都破墙开店，形成了一派繁荣景象。

① 片弹街路，又称“弹街路”“片弹石路”“弹硌路”，是卵石、块石铺筑的路，名称起源于苏州。老上海常把铺筑弹街路的工人称为“弹街工”。明清时期，上海县城里的道路大多是片弹街路、石板路或砖路，而城外基本上是土路。民国后，上海的主干道路逐渐铺设沥青路面，而一些较小的土路、煤渣路改筑为弹街路。20世纪50年代是上海弹街路的鼎盛时期，约有4000条，后分批改造，逐渐消失。

1941 年出生的画家、美术评论家谢春彦幼时曾居住在徐镇老街，据其回忆，徐镇老街的居民主要可以分为三类人。第一类是土生土长的徐家汇本地人，他们大多世代居住于此，虽谈不上大富大贵，但基本温饱无虞。第二类是从外省来沪的移民，这些人多在附近的工厂做工，因此选择居住在徐镇老街一带。最后一类则是那些底层的外侨，包括流亡白俄或是卖牛奶的印度人，这些人会出现于此，多少也和徐家汇一带天主教会机构林立有关。总体来说。徐镇老街的住户多为底层平民。[①]

徐镇老街、虹桥路，折射出的是上海城市道路发展变迁的两种类型。前者因传统聚落的兴起而自然形成，可被视为传统江南文化的一种写照。后者则是经过规划辟筑而成，带有西方现代城市规划建设的色彩，可被视为海派文化对城市建设的一种影响。虹桥路的兴起，令徐镇老街一带增加了大量的现代工业、教育业，徐镇老街的存在，则为这些工业、教育业的发展，提供了各种配套的设施，从这一点来说，两条道路在并存近百年后的“殊途同归”，也就显得顺理成章了。

---

① 沈轶伦著：《如果上海的墙会说话》，上海：上海文艺出版社，2018 年，第 181-182 页。

二、史料选编

（一）《申报》

沪道查询道契号数

英美工部局以阿拉白司脱路及虹桥路公益里等处筑路所用之地均系照章价买且已注册，禀由领袖领事转复沪道。已志昨报兹闻，蔡观察以工部局筑造马路只能在租界之内，现称价买地亩执有道契并已注册。究竟此项道契是何号数？系于何年何月倒换？自应查明爰！特照复领袖饬即查复以凭核夺。

——《申报》1909 年 3 月 9 日

奉会审公堂谕礼拜四拍卖贵重产业

鲁意师摩洋行始创自同治十三年即英一千八百七十四年。

准于廿六日下午四时半，在本行不限价拍卖地皮一方，坐落七浦路地皮第六百三十七号0 B，第七千零八十号照契，计八分零七毫上连市房四间。大号房一宅又地皮一方，坐落虹桥路相近工部育婴处，计十七亩八分七厘九毫，此地无道契有方单十五纸，如要知详细看图样者请至小行可也。

此布

鲁意师摩洋行启

——《申报》1910 年 9 月 22 日

开辟马路之议案

市政厅议会议员龚模提议开辟龙华西北马路以利交通一案，业经全体议员会议，以前次冬季议事会已有议案，计斜日路至土山湾路，南至龙华北至徐家汇，当时因此项工程费巨，决议从缓。现在北四川路之交涉非常棘手，损失主权不少，推厥原由，皆由我华人不自筑马路放弃主权所致。故今当为前车之鉴，应请查取本市原拟斜日路由土山湾朝北，穿虹桥路至法华路，北至曹家渡，暂建一木桥直达闸北，将租界包涵于中。该处河道较狭，建费可较新闸路桥为省。此桥一建，此路一通，于主权及各处市面裨益当非浅鲜。惟地属两区以上，非上海市厅所能独断，且工大费巨非一市所能任。照省颁县制，自应由县会办理爰。即交出董事会转呈民政长迅即核夺施行。

——《申报》1912 年 9 月 19 日

上海县法华乡前乡董黄炽呈省行政公署文

为董佐违法擅用印文承认洋人越界筑路黏呈印稿呈请彻究。

事窃洋人界外筑路，历经本乡议会公同议决，呈请前本县吴知事转呈交涉员，移请英领禁阻。在案前于二年十一月奉吴前知事训令，内称奉交涉员令，称转准英领覆，称界外筑路该乡会长业用图记允许，令行查覆等。因本会议长一再开议，呈请县知事转呈交涉员向英领彻底根查，至今未据覆到。炽亦议员份子，事关全体名誉，悉心调查，近闻本乡董佐有移文英工部局承认之说。因于本年二月九号至乡公所检查档案，见有二年一月十一号董佐移英工部局总办公文印稿一纸，即由胡乡佐人凤交炽阅看，不胜惊骇。伏查董佐为本乡代表，即洋人恃强筑路，理应全力呈请禁阻，力保主权，顾全领土。乃乡董李鸿X、乡佐胡人凤即用印文移英工部局总办，借发给照会之名，将本乡租界以外工部局所筑各马路，隐与洋人一律承认之证据。方知英领覆称会长业用图记允许，具有原因。按原文所称解犯巡逻中间阻梗，此系巡警范围，应由警察厅长主持。事亦越俎，至于民团从未出巡，即有窒碍，亦应呈知事转呈，交涉员照会英领，亦无直接之理由。且查自治章程，董佐施行公事，必经议决呈准，方可执行。此项移文未经通过，出自箇人，无异私相授受。查该董佐等亦将本乡各地保呈请严惩阳博禁阻之名而移文往还，隐有通情之实。

至原文谓愚园路迤西接通白利南路，业已标插，俟见复后再行筹商办法云云。尤为非是近数年来洋人筑路迭次呈请交涉，一再禁阻，苦无效力。地保因之羁押，几至舌敝唇焦。今董佐有筹商办法之言，一若国家人民之土地承认卖去。董佐若操有全权者，丧权违法，深为地方前途长太息者，也惟该董佐素称老练，足智多谋，夙所钦佩。想此移文必有特别理由，密切关系。否则何至越警厅之权限，弃长官于弁髦，甘冒不韪。因特抄黏印稿原文，呈请上海县知事彻查。未蒙批示，未敢黏呈印文原稿，呈请省长先生鉴核，迅赐训令上海观察使照会英领，查明会长盖用图记允许究竟何人？并请彻究该董佐等，承认私通依何法律？具何理由？予以相当惩罚，以儆效尤而保主权，谨呈黏呈印文原稿一纸。

为移请事案照，敝乡辖境南连徐家汇，北至曹家渡一带，有徐家汇路虹桥路、亿定盘路、白利南路、愚园路、极斯非而路，均在租界以外，马路纵横，行人称便。惟与敝公所自治范围实有窒碍，不便之处，如解犯人或马步巡带械行经马路，均视为违章。现在敝公所民团早经成立，又将设立巡警与徐家汇曹家渡联络一气。若中间马路阻梗，何能赴各乡巡逻？伏思民团巡警为保卫租界以外马路公共治安而设，自应变通办理，共维公益。恳请给一常照会，其解犯马巡持枪戎服等人，无分昼夜，各路经过巡查，毫无阻碍。或遇捕房马差，各行致敬，共敦辑睦而保公安。此为两方面均有利益起见，合行备文，移请贵总办查照施行。尅日见复，共守范围，再据二十保八北十二图八九图地保呈报，在愚园路迤西接通白利南路业已标插。容俟见复后，再行筹商办法。须至移者，右移英工部局总办。中华民国二年正月十一日法华乡公所。

——《申报》1914 年 3 月 22 日

推广租界草议之披露

上海工部局报告载称，领事团领袖已将交涉使送交推广租界处及置租界中政治犯办法之草议转交工部局。第一条西南角尚须续有修改，庶铁路线直至过徐家汇河处可为租界界线，徐家汇河南天主教堂之产业免缴工部局捐税。此外尚有一略须更改之处，庶沙泾可由巡捕管理。此项公文对方在领事团讨论中，兹特发表于下以供众览：

第一条

中政府准上海公共租界按照现有地皮章程归并以下地段：

甲　北京至沪宁铁路，东至公共租界，西南至苏州路，惟铁路线及现有余地皆在租界之外；

乙 介于沪宁铁路沙泾与现在租界界线中间之地点为租界以内，这地由工部局巡捕巡逻；

丙 北至苏州路东至现在公共租界，南至徐家汇路虹桥路，西至自苏州河横至虹桥路之沪宁铁路与沪杭铁路接轨地点。

第二条

苏州河在租界界线内者，由工部局巡捕巡逻。该河开浚事宜由浚浦局管理。中国小火轮船只等可自由往来，中国有利用租界界线内此项河道装运兵士往来苏沪之权，但须先行知照工部局。

第三条

中政府以为，工部局在理论上应有华董数人，会办关于全租界华人之事。但知工部局现在地皮章程不许华人参入议董之列，故允暂时依照第四条所开办法，组织华人顾问部以代议董，直至华人得为议董时而后止。

第四条

上条所提之华人顾问部，以宁波会馆、广东会馆各举二人及交涉使或上海最高级华员所举之一人组织之，惟领事团有否认顾问员之权。顾问部之职务如下：（甲）应工部局之请商议关于全租界华人利益之事；（乙）得向工部局提议关于全租界华人利益之事，顾问员于向工部局发表意见及提议事件时，必须全体一致进行，不得单独行动。

第五条

将来租界外华人产业须加收地税时，则租界内华人所有之地自应一律加税。但租界内执有道契之地，不得视为华人所有之产业。

第六条

华人房屋在新开租界内未曾在领署注册之地上者，于两年之内免缴工部局捐。或两年之后，该处居民仍不得工部局利益，如马路路灯自来水等，则房捐仍可免缴。

第七条

工部局在此新开租界内，除按照地皮章程第九条征收地捐房捐货捐外，不得征收他种税项。

第八条

中国兵队及华人婚嫁殡丧，皆可自由经过租界，但须先行知照工部局，以免误会。领事团因特别公共利益起见有不许可之权。

第九条

引翔港全村不在租界界内，交回华员管理。

第十条

广东义冢、李鸿章祠堂与南洋公学产业，如不改作他用，悉免缴工部局捐项。

第十一条

新开租界内，所有巡警局及项公共建筑与自来水电灯工程机器等，由工部局按照双方议定之价收买。如双方议价不妥，则由双方各举代表，并请上海海关税务司为公正人，会同公断价值。

第十二条

闸北及其他新租界内巡警局所现有之雇员巡警等，由工部局继续雇佣，或资遣回里悉听工部局自行酌量办理。

第十三条

新开租界内华人坟地如未得坟主同意，不得迁移。坟主可自由装饰坟墓，拜祭先茔。但为卫生起见，新开租界内华人尸棺于此约署定之日起，必为妥为安葬，不得厝于地面。此后存寄尸棺之处，如未经工部局许可，则在禁止之列。

杨晟署名

——《申报》1915 年 3 月 5 日

定期举丧

经润山公于客岁逝世，停柩忆定盘路丧居，尚未举丧。兹择于阳历六月十八号即阴历五月十八准上午九点钟，发引暂寄西门外斜桥永锡堂殡所，俟冬月徐家汇西虹桥路薤露园新阡告成，筮期安葬。

戚友恐未周知谨此登报奉闻（路由录后），由忆定盘路丧居发引，至愚园路往东，赫德路往北，爱文义路往东，至大通路朝南，白克路往东，过西藏路朝南，九江路往东，河南路朝南，福州路往西，云南路往南，西新桥转弯往西，敏体尼荫路往南朝西，肇周路往南，斜桥朝西至永锡堂。
慎德堂经账房启

——《申报》1916 年 6 月 12 日

招寻失物

十月十号早晨，大约在华特路虹桥路霞飞路之间，途中遗失金表一只，连有金链一条，金锤头一个，有M·M·T西文三字，内有本人小照在上。倘有人拾得者，请送法界霞飞路四百九十七号内，爱姆开克摩收。自当重谢，决不食言，特此布闻。

爱姆开克摩启

——《申报》1917 年 10 月 11 日

东亚同文书院卒业式预志

东亚同文书院于月之三十号（星期日）下午三时，在徐家汇西首虹桥路该院礼堂，举行第十五期学生卒业礼。院长根津一君业已备具请柬，邀请各界名人届时前往观礼。

——《申报》1918年6月25日

青年会演讲养蜂学

前十八号晚八时，本埠青年会特请虹桥路徐家汇农场主人新法养蜂专家戚秀甫，演讲中国旧法养蜂应如何改良，当时听讲者约二百余人。由戚君登台演说，并将所带中国江浙粤及东西洋养蜂器具逐一释明。略云中国养蜂应改良之事有三，中国养蜂之蜂箱大都属圆桶式，方式甚少，东西洋均长方箱容积甚大，有种种便利，此应改良者一。酿蜜用之巢础，中国由蜂自造，外国由人工代造，以节省其造巢之工，使蜂得于蜜源发动期内专力于采蜜，此应改良者二。中国法养蜂每桶可收蜜三四十斤，西法养蜂每桶可收蜜一二百斤，若每斤以三角之价计之（上海蜜行每百斤三十六元），中国养蜂得利九元，西法养蜂则得三十元，此经济上之得失，应改良者三。鄙人十年来所得之经验，确知洋种蜂每年每群可分五群，若美国老于经验养蜂家每群每年可分十二群。若以五群计，第一年假定春初一群，夏初即可分五群，五年后可得三千一百二十五群。惟此五年内，分蜂则不能收蜜且须加蜜辅助五年饵养费及器，其资本统计一万元。第六年起，每年可收蜜三十一万二千五百斤，每斤以三角计算则可得九万三千七百五十元。此系一群计算，若十群百群可以照此类推，此获利之厚殆无伦比，农业之利便更无有过于斯者。年来亲赴各地调查养蜂之现状，宁波同门坡蒋毛山有蜜源，东西可二百余里，南北一百余里之大，实为养蜂之中心点。至绍兴各县及松江以西俱为产蜜之所，将来养蜂发达定以浙省为中区。矣无如养蜂者囿于私利，凡非戚串不得与闻，崇海通各处竟有不知蜜蜂为何物，详为解释之，始云此殆采花之苍蝇也，岂不可叹乎？秀甫为利己利人计，经验所得，悉愿供诸社会。鄙人蜂场任人参观，若亲来见习，竭诚指导，不取学费，诸君有志盍来讨论，以资进行云云。

——《申报》1919 年 6 月 20 日

牛乳掺水分别科罚

西人工部局卫生处查悉，沪西小沙渡路五十一号牛奶棚主蔡成兴·虹桥路牛奶棚主吴友山·爱文义路牛奶棚主妇王者娥·均出售掺水牛奶，有碍卫生。报告捕房，转请公共公廨出单，于昨发交捕房派令中西包探，往将以上三被告并传至公堂，经中西官逐一讯明。判蔡罚洋二十五元，吴罚二十元，王罚洋十五元，一并充公示儆。

——《申报》1920 年 4 月 10 日

京沪航空沪站地点之择定

京沪航空路线之沪站地点，前传或在浦东，或拟老鼠沙，久未决定。昨得航空处驻沪事务所消息，知地点业已确定，即在上海虹桥路终点，与青浦县交界，第二十九保三图地方，曾经派员前往调查明确。前日（二十一日）下午复由航空处驻沪委员会同上海县沈知事，亲自前往勘定，计属出该图地方共约三百亩。复函请沈知事转令该管图董，订于明日（二十四日）至北京路八号航空驻沪事务所，会同该处人员再行前往该图地方详细丈量，以便给价建筑京沪航空沪站云。

——《申报》1921 年 1 月 23 日

征求房屋地产

（甲）用造工厂之地基，一约十亩，坐落杨树浦，而近水道者；二约七亩，坐落租界外，能得电力与水之供给者。

（乙）用建洋房之地基，一约一亩，坐落法租界邻近电车道者；二约三亩，坐落虹口者；三约二百亩，在虹桥路华伦路，以近田村而有宽阔地段，以备筑出路之用者。

（丙）半洋式房屋，一其地约一亩地点或法界或公共租租界；二在法租界南部近葛萝路以有花园者为佳；三在戈登路小沙渡路西摩路而与爱文义路相近者。

如有上项房屋地产者请驾江西路廿四号中国营业公司接洽可也。

本公司专理地产房屋押款挂号、经租、水火、保险。

——《申报》1922 年 7 月 14 日

调查大西路筑路交涉之报告

工部局建筑大西路交涉，详情已见前报。昨日上海各路商界总联合会，特派委员余仰圣、王肇成二君，前往该地及工巡捐局调查，兹录其报告书于后。

为报告事，窃仰圣等于本月六日下午，奉委至沪北工程总局，调查大西路交涉一案。该局局长适因公外出，由科长王栋君接见。仰圣等当将来意陈述，并将公函转陈，据王科长谓该路确系中国工程局区域。现时公共租界工部局，确有越界侵筑情事。惟此事现正在交涉之中，不久当有解决云云。仰圣等嗣即往该处查察，查该处路线，东接新租界之长浜路、西迄虹桥路止，考察界域，确属中国主权。现该处已有公共租界工程处设立工程灯栅等，开工建筑。工程虽尚初步入手，而路旁泥土，已堆积极多。除面陈详细外，敬先具函报告，请即召集临时会议，讨论进行办法，至为盼祷云。

——《申报》1923 年 2 月 8 日

大规模之大学将成立

安徽望江何世樍、世枚，两法学博士之祖汝持君，别号芷舠，曩有志兴学。曾购置徐家汇附近虹桥路校基一百余亩，所事未竟，遽归道山。洎两博士在美学成归国后，其尊翁仲吕君谆谆以兴学继志为嘱，故两博士一方执行律师职务于上海、一方担任各大学教授，即调查教育情形，以为之备。年来国事纠纷，需才尤亟，而我国规模宏大、教法完善之学校，殊不多观。两博士有鉴于此，决即创立大学，并附属中学，以应社会之需要。即以副乃祖汝持君兴学之素志，爰定名曰持志大学。闻筹划已有端倪，明春即可开办。暂时先租借当校舍，一俟虹桥路之校舍建筑落成，即行迁入。该大学筹备处即设卡德路九号两博士律师事务所云。

——《申报》1924 年 12 月 2 日

乡民夏光亚等请阻越界筑路

乡民夏光亚等，昨联名具呈上海县知事公署文云：呈为越界筑路，请交涉阻止事。此次英工部局在西乡法华镇一带大辟马路，迭经地方人民及各公团表示反对。分呈层宪，严重交涉，设法制止各在案。讵该工部局非但不停工作，并且日事进行。昨日又有大西路南面歧出路线一条，横贯法华镇，直达虹桥路。公民等因田园庐墓，悉在路线之内，衣食住居之所托，身家性命所攸关。为此联名呈请县长迅赐设法制止，免致暴动，不胜迫切待命之至。

——《申报》1925 年 1 月 4 日

安利农业部举行成绩展览会

上海安利洋行，自经售醒狮牌窒素肥料及鹰牌磷酸肥料以来，营业颇称发达。兹择于夏历是月二十五、二十六、二十七三日在该行徐家汇虹桥路农事试验场举行成绩展览会。植物之已经试验者，如玉蜀黍、芝麻、黄豆、棉花、白菜等均得惊异之成绩，三日中将一一陈列，以供众览云。

——《申报》1926 年 1 月 7 日

上海疗养卫生院开幕通告

敬启者敝院新址（虹桥路底罗别根路一百五十号），顷已落成，谨于中华民国十七年元月元旦日举行开幕大礼。届时务请各界士女驾临参观指导，一切不胜欢迎之至。

——《申报》1927 年 12 月 31 日

中外童子军今日举行比赛

沪上中外各童子军会，本定于上星期六举行警探比赛，旋以天雨延期，至今日举行。参加者除 B·P·童子军上海分会及上海特别市童子军协会外，美日童子军亦将参加。上海特别市童子军协会出广公广义队员各三人参与，定于今日下午二时，在外白渡桥集合搭车往虹桥路目的地举行比赛云。

——《申报》1928 年 2 月 18 日

工部局又进行越界筑路

交涉署已派员交涉

沪西虹桥路越界筑路案，迭经交涉署向领袖领事函知工部局在交涉未解决前，停止工作。当时工部局确曾停止兴筑，乃日来工部局又饬工匠在该路积极搬运砂石、填筑马路、意图筑至飞机厂东西数十丈。该处王家楼公安分局，业经呈请公安局函请交涉公署迅向工部局从严交涉，务令停止工作、以待解决。交署准函后，业已派员向工部局口头交涉，即日饬令停止筑路。

——《申报》1929 年 3 月 29 日

后起之秀的永安公墓

地点——大西路底霍必兰路

交通——由大西路愚园路虹桥路三大干路直达。如乘公共汽车，则由静安寺乘三路至周家桥，费时十分钟，铜元十五枚，再乘黄包车至霍必兰路王家楼，即是费时十五分钟，铜元廿枚。或由南洋大学海格路，乘四路至王家楼，费时亦十分钟，铜元十五枚，下车后向北步行二分钟即达。

电话——墓地二九五二四　事务所一三六八三

事务所福州路九号三楼

——《申报》1930 年 2 月 22 日

便宜地产出售

兹有地产一方，约计田四十亩，前临马路，后有小浜，坐落虹桥路麦克路口。适在工部局花园后面，极合设立牛奶棚或建筑工厂之需。合意者请至上海跑马总会买办间李宏法君接洽可也。

——《申报》1931 年 3 月 15 日

闸北四区警务一瞥

闸北警务机关接收后，市公安局闸北办事处黄明氏，负责措置，已复旧观。途中迁回居民，满载箱籍、熙熙攘攘，拥挤状况，虽过于战时，而居民已不若前之忧形于色。关于防务之分配，除平曾外，复由市公安局拨警察大队第一七九中队，共同维持治安。而于中队长之人选，如第一中队长江声涛、系黄埔六期毕业、曾充方振武部营长有年，屡建奇功。第九中队长由四区一分所长盛泽球兼，驻扎地点暂在四区辖境以内。各分所五区尚未决定。四区一分所境内户口调查，已告完竣。闸盛所长黄埔四期毕业，历充国民革命军团营长等职，于去年任职市公安局警察大队部教练官、兼上海市地方自治训练所军事教官，最近充任警察大队第八中队长，（现改第九中队）派驻沪西虹桥路担任防务，不辞辛劳。四区二分所长委定前四区区员韩铁仙接任。现正努力户口调查、分配警力云。

——《申报》1932 年 5 月 21 日

上海市卫生局检验合格

福寿牌新鲜牛痘苗
上海虹桥路一百二十号
美商哥伦比亚牛奶公司经售
电话七〇三三五

——《申报》1933 年 2 月 14 日

宝和花园石厂

设计专造庭园并售假山材料，中外名贵花树繁多最大，五针松、雪松、曲无松、红枫、龙相、白皮松、卷花等春季减价一月。精工制造云石，人物、狮象、台凳、建筑、坟墓一切工程。总园厂设沪西虹桥路铁路东。电话八一四七七。

——《申报》1934 年 4 月 28 日

上海市土地局布告第一六五号
为开发蒲淞区二十九保西图各户地土地执业证事

查蒲淞区旧称二十九保西四图各户地，（东至亲泾泾港，南至虹桥路球会总会，施家浜，姚家浜，高家浪，华家浜，南濠浜，王家浜，西至横沥浜，北至金家浜，王家浜，午潮浜，西渔浦，牛浜，孔家浜，牛罗浜，）业经丈量清楚，自一月二十六日起开发土地执业证。仰该图各业主于一个月内携带田单，暨最近三年粮串，以及其他产权证据，至法华镇六九九号（即乡公所旧址）本局设立换证发图处呈验。并报明管业户地之坐落四址，认看地形，经查核相符即将单串送局注销，并先掣给收回旧单收据，领取图稿。俟签认三个月后，至本局领取土地执业证，仰各知照。

此布。

中华民国二十四年一月十八日

局长 金里仁

——《申报》1935 年 1 月 20 日

往谒宋墓

蒋院长嗣于十一时四十分，偕同夫人宋美龄女士，前往虹桥路万国公墓，晋谒宋太夫人之墓，并献鲜花致敬而退。折往西摩路，拟访监察院副院长许崇智氏，适许氏已晋京未及晤见。乃至孔氏之旧宅稍憩，十二时三十五分，应孔财长夫妇之邀，前往西爱咸斯路孔宅进餐。全国经委会常委宋子文及虞洽卿两氏，昨午曾先后往访蒋院长，适逢蒋院长外出未晤。

——《申报》1936 年 1 月 6 日

马拉松跑今晨举行

本市马拉松促进会，主办之十三英里长跑，已定今晨八时在沪西白利南路忆定盘路口起步，经中山路、林肯路、霍必兰路、白利南路、北新泾罗别根路郑家桥虹桥路、交通大学、海格路忆定盘路、回至原地为止。参加赛、员共达一百六十人之多沿途请曹家渡救火车开道，少勇及滨海中学童子军维持秩序。届时竞奠锦标，势极热烈，而二十六年元旦有此大好点缀，足为今年民众体育蓬勃并先声。

——《申报》1937 年 1 月 1 日

【香港廿一日中央社电】沪讯：苏州河边敌警戒司令部，设崇信纱厂及达丰纱厂内，大西路沿沪杭路之警戒司令部，则设于林肯路口中国银行宿舍，斜土路一带警戒司令部设虹桥路染牛皮厂。

——《申报》1938 年 2 月 22 日

法水兵增防土山湾

沪西徐家汇路土山湾天主堂区，于国军西撤时，会由法当局征得国民政府暨市政府同意，划入法租界管辖。最近日方曾向法当局抗议，要求交还该区，但业经法当局严词拒绝。法国驻军当局为防患未然计，昨晨特派法水兵二百名，驰往该区增防。同时法捕房并加派华法越俄等探捕七十余名，协同驻守，戒备异常严密。法捕房中西探捕，并在孝友里、海格里、徐家汇镇老街及海格路、虹桥路一带，向商店住家挨户搜查。同时法国驻沪海军陆战队，及铁甲队，往来梭巡，并检查行人车辆。土山湾天主堂及虹桥路封锁线口，防务允为严密，临时加派双岗，周围布铁置丝网。

——《申报》1939 年 5 月 20 日

社会杂讯

沪西越界筑路大西路美丽坊门前，于昨日下午六时三十五分许，行驶该处之二路公共汽车疾驶而过。讵路畔窜出匪徒四名，三人执有枪械，蜂拥登车，拔出手枪。斯时车上共有乘客计有三十余人，胥遭洗劫，无一幸免。闻损非殊巨，惟确数未群，事后经开车售票等投报静安寺捕房请缉。

英文大美晚报云，太古公司之浦东码头与仓库，于一九三九年春，日本海军炸毁浦江水栅时，受有损坏。兹方积极进行修理工作，修理所费，虽未经宣布，但闻为数殊为浩大。

沪西虹桥路麦克劳路南首朱家木桥农民徐秋生家，前晚十一时许，突来盗匪十余人，破门入内，当被劫去衣服银洋约值三百余元。旋复闯至比邻徐白香家内，因事主与盗发生争执，被盗开枪击伤徐之右腿，闻伤势并无大碍。

昨日上午八时三十分钟，有日军用卡车一辆由海格路向南行驶，至虹桥路同延春药店门前，误将菜贩妇人一口撞伤倒地。距驶至徐家汇李纵泾桥堍，又将某甲一名撞倒，辗伤甚重生命危险。
中秋将届，徽州黄山月饼上市，与苏广月饼味道不同，分椒盐、黑麻、水晶等数种，每元四只，欲购买请电话四零四二七号海宁路南高寿里六十三号宋成记。

——《申报》1940 年 9 月 8 日

皇家女儿会　筹款五万元

本埠美国皇家女儿会，今年年初，因届其成立五十周纪念，特举行筹款运动，以五万元为目标。进行以来，为时一旬，昨由该会宣称，业已收到捐款七千四百元，及英金五镑，并有三十七人，愿按月认捐相当款额，充该会经费。按该会成立五十年前，乃国际秩序会之分会，总会设于美国纽约。最初范围颇小，经历年计划经营，始渐扩充，一跃为本埠贫苦外侨之中心救济机关。在虹桥路设立病院一所，计病人四十余。又举办施衣给药及供给膳宿之义兴，其会员每星期前往慰问本埠七十余处医院之病人。最近因经费枯竭，各项工作将陷于停顿之绝境，幸经工部局允补助该会办公费，又津贴病院中前期肺病患者，但杯水车薪，无济于事。去年中每月开运达四千五百元，为特举行筹款运动，该会当局深信筹款因非易事，但因需要救济者与日俱增，非此不能以拯一般贫民于水火，故不得不向各界作迫切之呼吁，热望各界人士踊跃捐助。该支会址在福煦路八六八号。

——《申报》1941 年 1 月 12 日

警犬学校

一狗之听从；二狗在家中防守；三防护绑匪的袭击；四特别警犬训练。承接到府教犬并售四、六、八、十月纯种警犬及佳种猎犬、狐犬。

虹桥路一八七近海格路

——《申报》1942 年 6 月 23 日

上海平民肺病医院　推进救济贫病工作

办理施诊给药及防痨指导

本市肺痨素来犯獗，尤以职工阶级，因起居饮食不良，曼延传染，患者日众。上海平民肺病医院，为推进救济工作，特设中区施诊处（仁济善堂内）每日下午二时至四时，施诊给药，由专门医师主持诊务，完全免费，为贫病服务。统治有关肺病各种内科，以便检查肺希望大家注意。(起福)痨，如有需要住院病人，则转送总院疗养，其住院办法，除津贴伙食外，所有住院医疗药品等，完全免费。又为使一般贫病明了肺痨病理及饮食起居服药治疗之各种常识，另设防痨指导部，病家如有咨询，迳函虹桥路三四九号上海平民肺病医院防痨指导部，电话七〇〇四五。

——《申报》1943 年 11 月 5 日

卫生宝验区附设保产院

中华卫生协会主办之上海市卫生实验区，今设保健、预防、医疗、训练四部，于保健部中分设妇婴卫生，学校卫生，及工厂卫生三室，近复附设有保产院，计分住院及出院接生二项。过去二月间，已有十余产妇，安全出院，取费特廉，家境果贫清寒，并可请求优恤。

凡于产前产后妇婴南生，及保健事宜，有所询问者，可迳赴该区检查，或用书函电话通知，当即派遣公共卫生护士，作家庭访问，不收任何费用，尚布住居沪西，法华镇及徐家汇一带居民注意。该区地址为虹桥路三四九号，（前交通大学后，近番禺路）电话为七〇〇四五。

——《申报》1944 年 8 月 22 日

本市市立虹路小学，已在徐家滙虹桥路三四九号原址复校，大部分校舍尚被市卫生局第八区卫生所占用。闻该所已经觅定虹桥路二五〇号为所址，兹复占用小学校舍，外间颇多物议。

——《申报》1945 年 12 月 29 日

本市简讯

自去年九月卅日起停泊在浦江极为引人注目之白色美邮轮「休息号 Repose」，将于十日首次离沪，驶往青岛。

茂昌眼镜公司素以验光准确，质量考究著称，近在虹桥路自建钢骨水泥工厂，占地五千方公尺，设备完善，管理严密，堪称远东独步。

市政府交响乐团，本周演奏会，定九、十两日下午五时一刻举行，地点兰心大戏院。

——《申报》1946 年 3 月 8 日

立信新校舍落成　捐款人奉颁奖状

本市蒲石路立信会计专科学校，虹桥路新校舍，占地四十余亩，系由本市热心教育人仕及厂商捐款十余亿元，鸠工建造，业已落成。该校为表扬捐款人义举，特呈请教部转呈国府明令嘉奖。昨日该校已奉教部令知，除已呈请行政院转呈国府褒奖外，并由教部头发申新、永安、大成、中国纺织建设、荣丰、统益、中纺、庆丰等纺织公司，大中华火柴公司、茂昌公司、立信会计师事务所、立信图书用品社及荣鸿庆、荣鸿元、荣鸿三等各一等奖状，以资劝励。其余二三等奖状，亦将陆续颁给云。

——《申报》1947 年 1 月 19 日

又脏又乱又穷

再向西只有沿着徐家汇路的河浜上，有一些零星的棚户，过了徐家汇，由徐镇路向西在和慈佑路快会合的地方，叫做平民村，这里棚户很多。再向西然后转向东北，沿着虹桥的两旁一直到虹桥路的电台旁，都是草棚子，由番禺路向北从上海西站沿着长宁路到江苏路，在中山公园的周围，如西新街，苏家角，南北猪毛厂，卢薛宅，姚家角，孙家宅等地也都是他们汇集的所在。

——《申报》1948 年 2 月 2 日

虹桥郊外俱乐部

谨订于本月十日下午二至五时，举行春游小集洁茗候

光敬请陈桂英女士独唱潘柳黛女士报告风雨无阻电话 29463

会员优先

郊外幽美环境提倡自生活蔚为文艺社交跃优先会员月底截止请临国际饭店丰泽楼接洽

发起人丁福保、郎静山、张大千、刘海粟、费穆、梅兰芳、严独鹤

地址虹桥路一一九一号　会章备索

——《申报》1949 年 4 月 10 日

（二）其他近代报纸、杂志、公报

The Paper Hunt will start to-day on the Hong Jow Road, beyond Sicawei village, and finish on the Jessfield Road.

——《The North-China Daily News》1884年12月25日

The Paper Hunt will start to-day at 3.30 p. m. near the Hungjao Road and finish at the corner of Hungjao and Rubicon Roads.

——《The North-China Daily News》1907年12月21日

Today's Paper Hunt will start at the corner of Sicawei and Hunjao Roads at 3.30 p. m. and will finish behind the Observatory.

——《The North-China Daily News》1908年1月11日

Today's paper hunt will start at the Hungjao Road about one mile from Sicawei Hungjao Road Bridge at 3.30 p.m.

——《The North-China Daily News》1909 年 12 月 11 日

An unfortunate motor accident occurred on Hungjao Road on Thursday afternoon。a car overturning and its occupants having a narrow escape.The car was occupied at the time by Baron d'Almeida and a lady,and about half past four o'clock te mishap took place,the vehicle turning right over on one side.Both occupants were reddered unconscious,but fortunately beyond this Baron d'Almeida was uninjured.His companion was rather more seriously hurt,but yesterday was reported to be progressing favourably.

——《The North-China Daily News》1912 年 12 月 28 日

According to a notice in the Municipal Gazette the new level crossings over the railway embankment on Hungjao and Brenan roads were opened to traffic on Monday last and the deviated lengths of these roads are now clossed.

——《The North-China Daily News》1916 年 7 月 13 日

Today's paper hunt will start at the end of the Hungjao Road at 3.30 p. m.

——《The North-China Daily News》1917年3月3日

The metalling of Hungjao Road from Siccawei Road to the Tung Wen College is completed and the road is again open to through traffic.

——《The North-China Daily News》1917年6月29日

On the Hungjao Road, within about three-quarters of a mile of the Rubicon Bridge, on the right hand side going out, there is a tree by a little red josshouse which at the moment is a really magnificant sight with its all gold leaves. Acorrespondent writes:This tree is surely the finest tree near Shanghai - ITS CLASSIC NAME IS Salisburia(Salisbury Tree) in China known as the Ginko Tree, and in Shanghai as the Octopus tree, its winter appearance resembling an octopus. This tree is known to all paper hunters as the Octopus tree, and formerly it was the only landmark for miles.

——《The North-China Daily News》1918年11月29日

MUNICIPAL NOTIFICATION No. 2585. HUNGJAO ROAD RAILWAY CROSSING
The making upof the approaches to this Crossing will be commenced on March 10,and the public is requested to proceed with caution pending completion of the work.
By order,
N.O.LIDDELL,
Secretary.
Council Room,
Shanghai,February 27,1919.

——《The Municipal Gazette》1918 年 第 12 卷第 618 期

The making up of the approaches to the Hungjao Road railway crossing will be begun on March 10, and the public is requseted to proceed with caution pending completion of the work.

——《The North-China Daily News》1919 年 2 月 27 日

Arrangements have been concluded by the Municipal Council with the Chinese owners concerned for acquisition of unregistered land required to widen Hungjao Road to 60 feet from Warren Road to Rubicon Road.，total area of 36,797 mow at a cost of Tls.9.413.

——《The China Press》1919 年 9 月 25 日

飞行着陆场之选定 虹桥路终点青浦之交界处

北京上海间之飞行着陆场前由航空处驻沪委员奔走之结果，始选定浦东之老鼠沙地方，然以该地为黄浦江浚浦局之地，不允出卖，今乃选定虹桥路终点青浦之交界处，已购地三百亩着手预备矣。

——《时报》1921 年 1 月 25 日

Negotiations are afoot for the purchase of a piece of land at the end of Hungjao Road for the purpose of building thereon a landing station for the proposed Peking-Shanghai air mail service. The land has been measured and is considered by those in charge to be most suitable.

——《The North-China Daily News》1927 年 2 月 17 日

Notice is given that while ballasting and metalling operations are in progress on the Hungjao Road the thoroughfare will be closed to through vehicular traffic from March 28. It is announced that Brenan and Warren roads are available for vehicuar traffic.

——《The China Press》1921 年 3 月 17 日

Building operations have now started on the site in Hungjao Road recently acquired by the King's Daughters' Society for their Children's Convalescent Home, and the foundation stone is to be laid this month. Owing to the generosity of the public the society has a fairly large sum in hand towards the expense of the building, but owing to present labour conditiongs the cost will be more than was originally anticipated. In order to raise the balance required and a further sum for furnishing and a equipment, the society is making arrangements to hold a garden fate in the autumn.

——《The North-China Daily News》1922 年 6 月 8 日

行行莫过虹桥路

徐家汇虹桥路自前年筑为马路以来汽车通行颇称便利，夏季之时，虽至夜深犹闻汽车呜呜往来不绝，但于冬日天寒之际晚间行人稀少，往往有行劫之事，乃昨日下午七八时之顷有某君者行经虹桥路中途忽遇二三人出自路旁迫近某君身畔将其囊中所有银二十余元盗取一空，并将其外衫脱去，某君惊惧失措恐遭伤害急于逃脱，未暇与劫者较也。愿各处晚行者，各留意焉。

——《时报》1923 年 9 月 30 日

The children of the K. D. S. Convalescent Home, at 137 Hungjao Road are very happy in the possession of a beautiful new bookcase.

——《The North-China Daily News》1923 年 10 月 13 日

年来英美烟公司于影戏事业，尽力扩展购地建屋于本埠虹桥路内，分造工作室摄影场演映院等并置备二百四十匹马力、五万支烛光之电机。香港、上海、汉口、北京、天津、满洲等地派有摄影专员。尚有二人游历国内名胜之区随地摄取影片。

——《时报》1924 年 4 月 1 日

The opening shoot of the Shanghai Clay Pigeon Club will take place on Sunday at 3.30 p. m. at the club grounds in Hungjao Road.

——《The North-China Daily News》1924 年 5 月 23 日

A new university is, we understand, to be opened in Hung jao Road next year, more than 100 mow land having been purchased for this purpose. Negotiations are afoot for the purchase of more land, and a preparatory office for the university, which will be known as the ChiTz University, has been established at No 90 Carter Road.

——《The North-China Daily News》1924 年 12 月 3 日

虹桥路筑支路之查询

法华乡农会会长胡人凤昨据乡民报告、有英工部局工程师从虹桥路迤向西南、沿蒲汇塘港朝西折北至蒲淞市界之航空站、经过十六十八十九各图、坚桩打样、开筑虹桥路之支路等语、调查属实、查虹桥路北、英人之马路已多、为虹桥路南完全为华界、事关地方主权、特备函法华乡公所会同蒲淞市公所备文询问英工部局，以便交涉。

——《新闻报》1925 年 2 月 12 日

虹桥路西人家发现自然煤气

字林西报云，虹桥路西人盖温克家内、因开凿自流井、于地中发现一种自然瓦斯，大约为沼气，以铁管承之，燃烧至五日之久。

——《新闻报》1925 年 4 月 17 日

CHINA CLAY PIGEON TITLE SHOOT TODAY. Championship Draw Is Announced For This Morning At Hungjao Rd.

——《The China Press》1925 年 10 月 4 日

俄飞机今日可到，地点在徐家汇虹桥路，官厅公团已预备欢迎。

——《时报》1925 年 8 月 20 日

We are informed that Mr. Stirling Fessenden has consented to open the new camp for the Boy Scouts Association on the Hungjao Road on Armistice Day at 2.30 p. m.

——《The North-China Daily News》1925 年 10 月 20 日

外人在虹桥路打鸟之查复

淞沪警察厅查得沪西虹桥路西端外人设园打鸟、该处系属华界、外人设立公共处所、未据呈报、为特令行六区总署，齐查该项场所究属何种性质，曾否报署有案……昨据该所署员李得贵函复云：派警赴该处详细调查，旋称上海县二十九保二图龚家宅地方，临近虹桥路，筑一习学鸟枪公园，每逢礼拜六、礼拜三，有许多洋人在园内习学打鸟，以纸作鸟形，用机器打至空中、向纸鸟射击、并非在园外实行打鸟。相应函复，敬希核转云云。

——《新闻报》1925 年 12 月 15 日

The 22nd annual commencement exercises of the Tung Wen College took place on Sunday morning in the Assembly Hall of the institution, 100 Hungjao Road. A number of young Japanese received their diplomas.

——《The North-China Herald and Supreme Court & Consular Gazette》1926 年 3 月 20 日

虹桥路将设巡警派出所

沪西虹桥路一带，地方冲要，华洋居户渐众，面去岁以来，劫案迭出，租借方面，曾有加派马巡脚踏车巡之计划。兹六区警署高署长及地方绅士，请于该路适中地点，设立派出所一处，派员维持治安。

——《新闻报》1926 年 5 月 29 日

The recent terrible accident on the Hungjao Road when a number of Chinese motor car joy-riders were injured and a wheelbarrow coolie killed.

——《The North-China Daily News》1926 年 8 月 9 日

昨晚虹桥路之火警

昨晚七点五十分，沪西虹桥路新华影片公司失慎，经救火会施救，直至八点二十分始熄，闻仅烧去摄影场一座云。

——《新闻报》1926 年 9 月 5 日

虹桥路日人牛奶棚被劫

沪西虹桥路一百二十号门牌日本人所开支爱光社牛奶棚，前晚九时五十分钟，突来大帮盗匪约二十名，蜂拥入内，各出手枪利刃，当被抢去钞票银洋八十元，临逃时开放手枪五六响示威，幸未伤人。

——《新闻报》1926 年 9 月 8 日

上海特别市市政府批第三五号：一件函请饬交涉员限工部局即日撤退虹桥路探捕并责令公安局布置巡防由函呈各节已发交公安局核议具复兹据该局呈查虹桥路英捕房所派中西探捕现在业已撤销并由局饬令该管区所寻觅相当房屋预备遣派警队迁往负责驻防以维秩序而保主权等情前来合亟批示该会知照此批抄由发。

中华民国十六年十月十三日
——《上海特别市市政府市政公报》1927 年第 4 期

He Ladies' Paper Hunt will start at the corner of Hungjao and Warren Roads tomorrow afternoon at 3 o'clock. finish to be announced later. Pink and white paper will be laid.

——《The North-China Daily News》1927 年 1 月 29 日

The funeral of Mrs. Elizabeth Archibald will take place at the chapel in the Hungjao Road Cemetery on Thursday afternoon at five o'clock, instead of on Wednesday as previously announced.

——《The China Press》1927 年 2 月 2 日

Something in the nature of a "bad smash" took place early yesterday morning near the aerodrome on Hungjao Road. One of the Chinese machines had been flying and in trying to descend sought to escape the creek near the field ',This was unsuccessful, and the result was that one of the wheels struck the bank of the creek. the machine damaged and an aviator injured.

——《The China Press》1927 年 5 月 21 日

虹桥路西华捕业已撤回

前以工部局在虹桥路设立捕房一案，曾经函请交涉公署提出严重抗议，转函领袖德临时允为制止，并有工部局正式否认……已允在本月三日下午五时，将所有在虹桥路西华捕尽行撤回，现由交署函至上海特别市公安局即日派警迁往该处防守，以明责任。

——《新闻报》1927 年 10 月 6 日

虹桥路军服厂大火 损失二万元

前夜十二时，徐家汇虹桥路中国军服厂工场，发生火警，中国军队及消防队等闻警一律赶至，无如风势正烈，不易扑灭，该工场岁尽毁于火，损失约计二万元，该厂工人，共有三百名，起火原因或谓系被人纵火云。

——《时报》1927 年 12 月 26 日

SANATORIUM FOR CONSUMPTIVES
Municipal Council's Decision to Build Hospital in Hungjao Road
PROVISION FOR THE POORER PATIENTS

At a recent meeting of the Health and Finance Committees of the Shanghai Municipal Council, the question of a Tuberculosis Hospital was brought up for discussion.

Consideration was given to departmental reports on.plans for the erection of a tuberculosis

Sanatorium on the Council's Nursery Garden Site in Hungjao Road. which had already been approved in principle. The Economy Committee recommended the purchase end adaptation of Army hats, with accommodation for 30 patients, at a cost of Tls. 30,000, with provision for an extension to house another 30 patients at an additional cost of Tls. 15,000. The Commissioner of Public Works estimated the first cost at Tls. 35,000 but stated that

Army huts were no longer available. Alternatively, he suggested the erection of new buildings of similar materials at a cost of Tls 47,000, or, better still, the erection of one main black with separate staff quarters, in light concrete and brick construction. at an estimated cost of Tls. 53,000. This last scheme was endorsed by the Acting Commissioner of Public Health who asserted that wooden buildings of the pavilion type were not satisfactory.

After further discussion. it was recom: mended that a sanatorium be erected in accordance with the plans of the Commissioner of Public Works at an estimated cost of Tls 53,000 on the understanding that the wards will be reclassified if that course should be found necessary in the interests of poorer patients.

The Victoria Memorial

As already reported in the North-china Daily News,', it was decided, after discussion, that a nurses' home be built on the Country.Hospital estate from the proceeds of the sale of part of the Victoria Nursing Home site, and named as to perpetuate the Victoria Memorial; and the recommendations of the joint meeting of the Health and Finance Committees of July 6 were endorsed, that an estimate bemade of the number of nurses for whom accommodation is required and that the Commissioner of Public Works be requested to prepare the necessary plans and estimates.

——《The North-China Daily News》1928 年 7 月 27 日

Owing to the recent flood Hungjao Road was inundated for nearly three miles. From Warren Road corner nearly to Rubicon bridge was a continuous sheet of water,deep enough in plalaces to come over the foot-board of motor cars.

——《The North-China Daily News》1928 年 9 月 19 日

虹桥路之长途汽车

沪西有越界筑路之虹桥路焉，起自徐家汇路交通大学之旁，而至飞艇厂，计长二十余华里，举凡市政上所需要之电气电话线，以及自来水管等，无不装置完备，而路旁所植树木，亦葱翠成荫，尤为悦目可喜。任该路未筑前，该处地价，每亩仅二百元，前任工部局诸西董，如平和大班相貌大班等，皆具有远大眼光，都向乡人购进，自数亩以讫百余亩不等，未几路成，地价突涨倍徒，于此吾人不能不佩西人办事之手段，岂亦仅凭其特殊之地位哉。距今三年前，有徐汇汽车公司以二辆福特卡车行驶其间，往来载客，计全程取价四角，每次搭客至少四人，每日往返十数次，故其营业亦颇可观，旋有人创一干康长途汽车公司，向市政府注册，而估得营业权，取价则略低，计全程同源七十五枚，不意通行未满月，即有租界中国汽车公司汽车两辆，加入行驶，其取价则更廉、全程只铜元三十枚，于是干康方面亦不得不贬价兴之竞争，而一面则呈市府请示办法云。

——《福尔摩斯》1928 年 10 月 2 日

虹桥路之鬼屋

沪西虹桥，本为华界，西人越筑煤屑路，取名曰虹桥路。年来西人私建花园别墅者，日渐增多，所谓鬼屋者亦西人所建者也。屋在虹桥路西，门面向南，为两层楼五开间式，建筑尚新而空无人居，门窗墙壁，任其剥蚀倾圮，左为平屋小杂货店，右则坟地麦田，两年前，某西人购此地建筑该屋，既竣工，迁入未久，即遭鬼魅骚扰。相传此屋主人，我是床前之皮鞋，屡遭失去，忽失忽现，常闻怪声，主人终不信，某夜私探之，果见有皓发老人出现，服作前清式，在其五中骚扰毁物，主人观状惊怖，不敢复居，乃欲以此屋出售，然人均知屋中有鬼怪，至今尤无承购者，然则鬼之为物，可见并不摄于碧眼儿也。

——《大晶报》1929 年 4 月 18 日

Boy Scouts To Hold Jamboree On Whit Monday. Six Associations Will Compete At Hungjao Road Camp.

——《The China Press》1929 年 5 月 29 日

虹桥路添设派出所

沪西虹桥路成立派出所，定名为是公安局六区二分所第五派出所，地址已觅定虹桥路哥伦比亚路口坐南朝北平房内，刻正在布置一切，定下月一日成立。

——《时报》1929 年 8 月 30 日

工部局派员在虹桥路，拆除华界门牌之交涉。

——《新闻报》1929 年 9 月 22 日

The Commissioner has been requested by the Mayor of Greater Shanghai to take up very strongly with the Consular Body the removal by the Municipal Police of the number plates placed on the doors ofhouses in Hungjao Road by the Chinese authorities, who claim that this road is not part of the International Settlement but Chinese territory. Two representatives of the Bureau of Public Safety are said to have calleed on Capt. R M.J. Martin and lodged a protest.

——《The North-China Daily News》1929 年 9 月 26 日

The funeral of the late Inspector G. Morgan of the Shanghai Municipal Police took place at Hungjao Road cemetery yesterday afternoon in the presence of some fifty members of the Police, mostly of senior ranks, and of a few other friends floral tributes from intimate friends
only were received and placed on the grave, owing to the request that no flowers be sent.

——《The China Press》1929 年 11 月 6 日

给电区域，法华蒲淞，以大西路虹桥路划分。

——《时报》1930 年 3 月 8 日

THE HUNGJAO ROAD EXTENSION

Road to Within Four Miles of the Hills in Course of Construction

Sunday riding parties who explored the continuation of the HungJao Road report that the new road continues beyond the aerodrome for a distance of twelve miles stopping abruptly within four miles of the hills. The road is very narrow and has been made simpiy by cutting ditches on either side and Fattening the centre. Two or three Chinese workmen were seen working on the road on Sanday and it is presumed that it will eventual:continue to the base of the hills. It was necessary for the riders to circle about a great deal, often times retracing their steps, in order to cross the various creeks which as yet remain unbridged. There are between ten and fifteen creeks to be bridged before the road can be used as a continuous one. Motor car traffic is prohbited by the gate at the aerodrome and it is presuned that the road will be used for Chinese military purposes. Whether or not foreign motor-cars wil be allowed to pass through the gates unknown at present. The country., about four or tive miles beyond the aerodrome, is barren as the rice crop has been finished and there is only one season in the outlying districts. The country people were very pleasant and kind although inclined to be inquisitive as usual. If foreign motor-cars are allowed to use the road the opportunity to reach the mourtains by such a short and direct route wil be welcome to Shanghai motorists.

——《The North-China Daily News》1930 年 4 月 9 日

虹桥路轧麻厂失慎

沪西虹桥路三二一号大成轧麻厂，昨日下午三时许，因马达走电，立刻延烧，后由救火车赶到，约一小时始熄，计焚去遮席棚三间，损失数百元。

——《时报》1930 年 7 月 8 日

The City Government of Greater Shanghai is reported by the Chinese papers to have approved an application of the Shanghai Municipal Council to construct a bridge in Hungjao Road in accordance with the regulations governing the building of roads, bridges, wharves and dykes.

——《The North-China Daily News》1930 年 7 月 20 日

The funeral of the late Sergeant William-James Heritage, Shanghai Municipal Police took place at Hungjao Road Cemetery yesterday afternoon in presence of a large attendance of mourners.

——《The China Press》1930 年 11 月 13 日

指令：字政第四三〇号：令六区二为呈越界筑路虹桥路等处路面松动损坏不堪请函工务局查勘修理由，呈悉已据情函请工务局查核办理矣仰即知照此令。

——《公安旬刊》1931 年第 2 卷第 24 期

The local Chinese papers reported yesterday that the Bureau of Public Safety and the Bureau of Public Utility of the Municipality of Greater Shanghai have issued a joint order prohibiting the parking of motorcars on Hungjao Road. In part the order follows, " when approached by the police, must produce the licence. It will be remembered that Hungjao Road is Municipal road.

——《The North-China Daily News》1931 年 1 月 17 日

The 27th "commencement" exercises of the Tung Wen College will be held at 100 Hungjao Road at 10 a. m. on Sunday.

——《The North-China Daily News》1931 年 2 月 26 日

灯塔会虹桥路点缀

沪西虹桥路南龚家宅农民关阿毛等于前日邀集多人，发起灯塔盛会三天，定于今日起（即十九廿廿一）在该处附近土地堂庙址举行。至昨日止，计已竖灯塔有三十二杆之多，沪西公共思路汽车因鉴于晚间游客众多，特延长至下午十一时进场。

——《时报》1931 年 3 月 19 日

日飞机深夜窥探飞机场，虹桥路一带乡人所谈

昨沪西虹桥路一带乡人云，前二日间，深夜约一时许，有日飞机一架，乘黑夜驾驶向沪西虹桥路飞机场窥探……

——《新闻报》1931 年 10 月 14 日

The Institution for the Chinese Blind, 4 Edinburgh Road, is in the process of moving to its new buildings, 290 Hungjao Road, so will be closed to visitors until Dec. 12.when they will be welcomed as usual. The Blindar. Works shop, however, will receive orders for furniture and the usual Christmas gifts at 4 Edinburgh Road until Dec. 10, after whieh time they will be received at tie new building.

——《The China Press》1931 年 12 月 6 日

前晚虹桥路大火，焚毁瓦房十余间

沪西虹桥路濮家桥南首张家塔三号门牌农民张永祥家，前晚十一时，因打翻洋灯，致被燃烧，片刻冒穿屋顶，一时风助火威，不可收拾，后经邻居闻警赶到……计烧去瓦房十一间，打毁五间，当火烧时，租界救火车亦开到四部，但该处无自来水，故即驶回去。

——《新闻报》1932 年 1 月 18 日

An elderly Chinese woman was buried beneath the debris and seriously injured when a house in Hungjao Road collapsed on Tuesday afternoon. The house was said to be more than 100 years old and to have been built during the reign of Emperor Tao Kuang(1796-1821).

——《The North-China Daily News》1932 年 5 月 26 日

EALTORS SAY BUSINESS IS FAIR, WARMER

Hungjao Road, Columbia Circle Areas Show Activity

……Chief signs of activity center about Hungjao Road and Columbia Circle, where land movement is reported increasing from day to day. Several comparatively large land transactions have been completed during the week in those districts……

——《The China Press》1932 年 6 月 23 日

The Tung Wen College on Hungjao Road will hold a concert in the Japanese Club at 7.30 p. m.

——《The North-China Daily News》1932 年 12 月 21 日

肺病疗养院扩充：虹桥路新院约本年年底落成，病房自晨至幕均有太阳光线。

——《卫生杂志》1933 年第 12 期

Now opened at 294 Hungjao Road, the Rose Cottage Café will serve breakfasts, cold tiffin, and suppers teas and other refreshments.

——《The North-China Daily News》1933 年 7 月 16 日

Members of the gardening section of the B. W. A. are reminded of the morning which will take place wet or fine in 556 Hungjao Road to-morrow at 10.30 a. m. Mrs. W. A. Turnbull will talk on vegetables. If it should rain during the morning the meeting will adJourn to 600 Hungjao Road.

——《The North-China Daily News》1933 年 9 月 28 日

Draw for open golf title play is announced. thirty-four men due to battle for honors at hungjao, seekingjao.

——《The China Press》1933年10月18日

Dr. A. G. Bryson has moved his residence from the Cathay Hotel to 567 Hungjao Road.

——《The North-China Daily News》1934年3月16日

THREE BRIGADES AT SMALL FIRE

Chinese Houses Burnt on Hungjao Road

A dozen fire engines, from three brigades, turned out just after midnight to a fire off the Hungjao Road. which destroyed four Chinese houses and whose glare could be seen for a long distance. The destroyed houses were of light construction, and flared up quickly Situated 50 yards from Avenue Haig, they were opposite Chaotung University and a short distance from the Mercury radio broadcasting station. French fire engines were first on the scene. on the report of a fire in the Concession . Subsequently machines from Bubbling Well Station arrived, on receipt of fire on a Muncipal Road, as did Chinese Brigade machines (including an ambulance). There was nittle hope of saving the houses, so the firemen prevented the flames from spreading and sub sequently damped down.

——《The North-China Daily News》1934 年 5 月 17 日

NEW HOSPITAL IN HUNGJAO ROAD
Modern Building with Room for 50 Patients
DUE TO OPEN ON SUNDAY WEEK

Situated at 201 Hungjao Road, near Fraser Road, a new privately owned hospital is to be opened on June 17 the Hungjao Sanatorium. This is to be an general hospital, with accommodation for 50 patients, each with rooms of their own. There no wards. Maternity cases will be accepted. Built through the initiative of Dr,Ting Wai-kong, the hospital is to have as superintendent Dr. Ernst Ostheim,M.D.

——《The North-China Daily News》1934 年 6 月 8 日

虹桥路毁草屋三间

昨晚九时许，沪西虹桥路飞机场张家弄钱木生所盖之草屋内，因不戒于火，顷刻冒穿屋顶，风助火威，烈焰飞腾，一时不可收拾，后经乡人竭力灌救，始得扑灭，计焚去草屋三间云。

——《新闻报》1935 年 1 月 19 日

The Union Church Ladies Society are holding their Garden Party today (wet or fine) at 290 Hungjao Road.

——《The China Press》1935 年 4 月 24 日

上海盲童福哑两校创办有年、专收盲哑儿童、校址在沪西虹桥路二百九十号，校舍宏敞，环境优秀，设备完善，所聘教员，对于盲哑教育均有深切研究……

——《晶报》1935 年 10 月 19 日

丹麦使馆正式迁沪 公使官邸设虹桥路

丹麦驻华公使馆决定迁沪，公使欧斯浩氏，自来沪筹备以来，现已部署就绪，除使馆即附设外滩 26 号该国领署外，并已租定虹桥路二百号为官邸，欧使夫人暨公子等，亦已于日昨由平到沪云。

——《新闻报》1935 年 11 月 9 日

Christmas Hunt To Be Held In Hungiao Road Vicinity Today

The Shanghai Paper Hunt Club will hold its Christmas Hunt this afternoon, starting at3.30 o'clock, at Mrs Keswick's Garden Hungjao Road.
The officials of the Club stated yesterday that in the event of rain falling before the Hunt takes place, the event will be postponed to a later date, as the country is very treavy and any more rain would render it unfit for hunting.

——《The China Press》1935 年 12 月 25 日

上海幼稚游艺赛马会：上海西人幼稚骑马人也有不少，上星期日在虹桥路罗根花园内举行游艺赛马，西商名人到场很多，颇有兴趣。

——《竞乐画报》1936 年第 10 卷

虹桥路工部局苗圃查无血吸虫危险

关于沪西一带河浜，发现吸血虫病一节，前已由工部局卫生当局发出警告，令该处河浜游泳者知所注意……虹桥路工部局有花木苗圃一所，详加测试，结果检定该地并无吸血虫之存在。

——《时报》1936 年 7 月 10 日

PAPER HUNT STARTS IN HUNGJAO ROAD, Corner of Monument Road to be Gathering Place.

——《The North-China Daily News》1936 年 12 月 9 日

敌机轰炸虹桥路一带德侨房屋被炸毁，沪德总领向日提抗议。

——《中央通讯社稿》1937 年 10 月下

法国军队于战事进展至虹桥路时，在该处设置防御工事，以免战事逼近法租界。

——《中日战事史迹》1937 年

HOMES DAMAGED IN HUNGJAO ROAD
Foreigner Finds Blind School Badly Battered

Braving the dangers of the war area, Mr. W. D. Souter, of the Shanghai Telephone Company, yesterday drove all the way out to the Hungjao exchange, located at the corner or Hungjao and Macleod Roads. Many miles beyond the railway tracks. He went out unofficially, he said. to see how the building was getting along now that the local war had moved in that direction.

Leaving the settlement shortly before 3 p.m. Mr. Souter, accompanied by a Chinese, drove out Great Western Road. turned left into Columbia Road and thence out Rockhill Avenue to where it meets Hungjao Road and the Shanghai-hangchow railway crossing. Here at the crossing, he was stopped for the first and last time by Chinese soldiers

Inside, or east, of the tracks at that point, the Chinese soldiers were busy digging a trench that ran almost parallel to the tracks. They had a machine gun nest, Mr. Souter said that was within about fifty yards of the British post on Rockhill Avenue Cne machine-gun was mounted on a gravemound and another, close by was heavily camouflaged.

——《The North-China Herald and Supreme Court & Consular Gazette》1937 年 11 月 10 日

刘湛恩博士今日大殓，下午四时安葬虹桥路坟园

沪江大学校长刘湛恩博士，于本月七日八时半被人狙击殒命，遗体于八月下午五时，暂停胶州路万国殡仪馆。并定九日下午二时半假贝当路五十三号美国礼拜堂，遵耶教礼节入殓，四时安葬虹桥路坟园……

——《上海报》1938 年 4 月 9 日

虹桥路，范家花园被拆毁

前任上海县知事之地产商范回春，在沪西虹桥路法磊斯路口开有花园一所，广约二十余亩，园内建有巨厦，亭台楼阁，假山鱼池，为范氏夏间避暑之处，华军西移后，被某国人入内，将红木器具搬运一空……

——《新闻报》1939 年 6 月 15 日

A bamboo shack of the Ma Ling Canned Goods Company at 119 Hungjao Road was completely destroyed by flames at 12.30 a. m. yesterday and firemen from the Bubbling Well fire station battled the flames for over twenty minutes.

——《The North-China Daily News》1940 年 9 月 24 日

The Cathedral Young Peoples' Fellowship picnic for Tuesday afternoon in the grounds of the Blind School 290 Hungjao Road, will definitely take place. Any member who has not yet sent in his name and would like to come and join in the fun, should telephone Miss R. Fryer, Tel 29560, before 4 p. m. today.

——《The North-China Daily News》1941 年 6 月 30 日

法租界至沪西于后日起增添两路公共汽车新线，廿六路大世界至哥仑比亚路，廿七路则自静安寺至虹桥路。

——《中国商报》1942 年 11 月 28 日

虹桥路筹设食米公卖处，配发棚户米粮

（中央社）市物品配给处为便利虹桥路一带两万棚户居民购领配给食米起见，拟就近虹桥路三七九号设置食米公卖处一所，刻正在积极筹备中。

——《新闻报》1944 年 11 月 9 日

上海市警察、工务公告工布（三六）字第一一〇号

查本工务局现因兴建虹桥路沟管工程自本年九月十五日起该路自华山路至番禺路一段暂停交通在此期间大小车辆一律改由林森西路通行除恢复交通另行公布外合亟会衔公告周知。中华民国三十六年九月十三日。

——《上海市政府公报》1947 年第 7 卷第 13 期

The Hungjao Cottage, situated at Hungjao Road, will reopen its premises under the name of "Rose Garden" at No. 1886 Hungjao Road, immediately opposite the Park.

——《The North-China Daily News》1947 年 6 月 27 日

A jolly cocktail party was held at Bill Jolliffe's residence on the Hungjao Road yesterday evening when over 200 guests were invited.

——《The North-China Daily News》1947 年 7 月 20 日

The next meeting of the Home and Garden Section of the B. W. A. will be held at 502 Hungjao Road at 10.30 a. m. on Tuesday September. Transport arrangemants will be notified later.

——《The North-China Daily News》1947年9月16日

The American University Club of Shanghai will reopen its programme of social activities for the Autumn Season by giving an informal garden party on October 4, from 4 to 7.30 p. m. at the Chinese Country Club, 535 Hungjao Road. There will be dancing and a soft-ball game bctween the alumni of the Eastern and Western colleges and universities located in the United States with the Mississippi River as the dividing line. Those attending are requested to wear sports clothes.

——《The North-China Daily News》1947年9月26日

虹桥路沟管设备已全部竣工

沪西虹桥路，为市郊主要干道，每日经行车辆，川流不息，其东接华山路一端，路幅狭窄，棚户栉比，但因缺乏沟管设备，道旁常有积水，路面因此随修随坏，市工务局为谋改善起见，前曾编拟埋管计划预算，最近因东端由华山路至徐漕路一段排水情形，日趋严重，乃决定提先施工，计全段长七百公尺，已于日前全部竣事，今后该段水患，可以澈底清除。

——《和平日报》1947 年 11 月 26 日

虹桥路路灯已全部竣工

本市虹桥路路灯，除华山路起至程家桥一段，早已装就放光外，其余自程家桥之飞机场一段，原未装置，兹悉，该段路灯业经公用局路灯科赶装竣工，日内接通电流即可放光云。

——《和平日报》1948 年 9 月 17 日

The Institution for the Chinese Blind, 1850 Hungjao Road, is urgently in need of old papers, magazines or trade journals for the purpose of writing Braille in class room and other work. Two or three sheets are pasted together which makes the paper of sufficient thickness to retain the Braille dots. A telephone message to 29569 will bring a messenger to collect them.

——《The China Press》1948 年 10 月 22 日

虹桥路郊游
梅兰芳丁惠康等百余人明天赏春

一片游春声中，明天虹桥路一一九一号（虹桥俱乐部）有一个盛大的聚焦外康乐活动，参加的有画家张大千，梅兰芳，刘海粟，郎静山，丁惠康等。及本市知名之士百余人，在那里有垂钓，听音乐，骑马，游泳等康乐活动，但为了天雨，闻已改为下星期日了。

——《大众夜报》1949 年 4 月 2 日

后 记 Epilogue

2020 年，在虹桥路辟筑 120 周年之际，《上海城建档案》专刊推出虹桥路专辑（上、下），对虹桥路沿线历史风貌、历史建筑作了全景介绍。在此过程中我们通过查阅馆藏城建档案发现，虹桥路百年多年来的发展变迁中有着丰富的值得被挖掘的历史细节，其中相当部分至今鲜为人知。有鉴于此，我们萌发了在此基础上更进一步，围绕馆藏城建档案，结合晚清民国时期的历史地图、报刊文献等资料，对近代虹桥路风貌变迁展开深入研究的想法。

研究过程中，我们逐渐意识到，馆藏城建档案所蕴藏的丰富历史信息，无论是对于单体历史建筑的细节考证，还是风貌保护道路、历史文化风貌区的风貌复原，都有着重要的价值，其在上海城市历史研究、风貌保护、城市更新等方面的作用，未来还有巨大挖掘空间。

本书是集体创作的成果，是在专题研究的基础上，综合设计、分工写作、统一定稿的产物，编写过程中获得了上海市规划和自然资源局、上海市城市建设档案馆各级领导的关心与支持。参加本书具体编写工作的有徐瑾、徐立勋、曹伟、孙致远、王业欣。毛俊毅、徐立勋对本书进行了前期策划、统筹。曹伟（绪论、第三章、外编）、孙致远（第一章、第二章、外编）分别负责相关章节的撰写。徐瑾、徐立勋对全书进行了统一修改、增补和定稿。王业欣承担了书中部分图纸、地图的绘制、处理工作。

本书在撰写过程中得到了上海市档案局、上海社会科学院历史研究所、上海师范大学人文学院、上海市长宁区虹桥街道办事处的支持，在此一并表示感谢。

上海市城市建设档案馆
2023 年 3 月